SCHLANGENLINIEN
SERPENTINE LINES

Schriftenreihe der Max von Moos-Stiftung
BAND 2

BAND I
Otto Karl Werckmeister
Das surrealistische Kriegsbild bei Max von Moos

Der Schweizer Künstler Max von Moos (1903–1979)
verfügte 1974, dass nach seinem Tod eine Stiftung zur
Pflege seines künstlerischen Werkes zu gründen sei.
Informationen zu den Aktivitäten der Stiftung
und zum Werk von Max von Moos finden sich auf:
www.maxvonmoos.ch

Roman Kurzmeyer

Schlangenlinien
Serpentine Lines

Max von Moos
André Thomkins
Aldo Walker
Max Ernst

Edition Voldemeer Zürich
Springer Wien New York

Roman Kurzmeyer, Basel

Copyright © 2011 by Roman Kurzmeyer, Basel,
Max von Moos-Stiftung, Luzern, and Voldemeer AG, Zürich.

 Edition Voldemeer Zürich
Postfach 2174
CH-8027 Zürich

Copyright © for the figures see appendix.

All rights reserved.

Layout: Edition Voldemeer Zürich
Copy editing: Barbara Delius, Berlin
Translation: Steven Lindberg, Amherst NH
Scans: Jung Crossmedia, Lahnau
Picture editing: Susanne Bobzien, DPI Publishing, Zürich
Printing: Messedruck Leipzig, Leipzig

SPIN 80040759

With 32 figures

ISBN 978-3-7091-0703-4 Springer Wien New York

 Springer Wien New York
Sachsenplatz 4–6
A-1201 Wien
www.springer.at
www.springer.com

INHALT / CONTENTS

Schlangenlinien

Das Gemälde *Schlangenzauber* (um 1930) gehört zu den bedeutenden frühen Arbeiten von Max von Moos. Es zeigt eine abstrahierte, vorwiegend in blauen und orangen Farbtönen gemalte weibliche Figur, in deren erhobener rechter Hand sich in Augenhöhe eine auf eine Linie reduzierte, züngelnde Schlange windet, deren Kopf seine formale Entsprechung im Auge der Figur findet. Die unerlöste, tragische menschliche Existenz steht im Zentrum des Schaffens von Max von Moos, und immer wieder findet sich darin das Motiv der Schlange. Der Hamburger Kunsthistoriker Aby Warburg (1866–1929) hielt 1923, nur wenige Jahre vor der Entstehung des erwähnten Gemäldes, in der Privatklinik Bellevue von Ludwig Binswanger in Kreuzlingen einen Vortrag über das Schlangenritual. Warburg hielt sich seit 1921 in dem Sanatorium auf und wollte mit seinem Vortrag im Kreise der Patienten sich selbst und dem leitenden Arzt Binswanger beweisen, dass er wieder zur wissenschaftlichen Arbeit fähig war und entlassen werden konnte. In seinem Lichtbildvortrag bezog er sich auf eine lange zurückliegende Reise, die ihn 1895 zu verschiedenen Indianerstämmen im Südwesten der Vereinigten Staaten geführt hatte. In seinen Ausführungen über die von ihm beobachteten und photographisch dokumentierten Schlangenrituale legte er dar, dass dieses Reptil nicht nur bei den indigenen Völkern Nordamerikas, sondern auch in der westlichen Tradition ein »vollkommen zweiwertig besetztes Symbol« ist: »Die beiden Möglichkeiten, für die das Schlangensymbol einsteht, Heilung und Vernichtung, hat Warburg in zwei komplementär angelegten Figuren verkörpert, diese in Gestalt des Laokoon, jene in der des Asklepios. Laokoon, der heidnische Priester, wird der tödlichen Gewalt der Schlangen nicht Herr und geht zugrunde; Asklepios, der ›abgeklärteste antike Gott‹, typologisch dem Erlösergott schon ganz nahe, weiß das Gift der Schlange als *pharmakon*, als Heilmittel, der leidenden Menschheit zuzuführen.«[01] Als

Symbol des Bösen findet sich die Schlange in der christlichen Ikonographie sowohl in Paradiesdarstellungen als
auch seit dem Konzil von Trient (1545–1563) in Darstellungen der Muttergottes, die den Kopf einer Schlange zertritt.[02]
Dieses Bild der Muttergottes, die Immaculata (»Unbefleckte
Empfängnis«), gehört zum Repertoire der Gegenreforma-
tion – und zu meinen persönlichen frühesten Bilderinne-
rungen. Während meiner Kindheit hatte ich auf dem Sei-
tenaltar unserer barocken Dorfkirche eine Immaculata vor
Augen, und ich erinnere mich bis heute daran, dass mich
an diesem Bild ausschliesslich der weibliche Fuss auf dem
Schlangenkopf interessierte. Um 1936 malte Max von Moos
mit *Versteinerte Tänzerinnen* ein Bild, auf dem die Schlange
ebenfalls zu Füssen der nun allerdings zu Stein erstarrten
weiblichen Figuren auftaucht.

Die Schlange ist nicht nur als Motiv im Werk Max von
Moos' interessant, sondern als Linie auch ein von ihm be-
vorzugtes Darstellungsmittel, mit dem ich mich hier näher
befassen möchte. Zwar wissen wir aus einem Selbstzeugnis
des Künstlers, dass ihn Schlangen zeitlebens in seinen bösen Träumen heimsuchten und er Ängste und Zwangsvor-
stellungen mit diesem Tier verband, dennoch interessiert
mich hier weniger der existentiell bedrohliche Aspekt, den
das Motiv für ihn zweifellos hatte, sondern vielmehr – vielleicht im Sinne Warburgs – die erlöste Form der Schlange in
der frei geschwungenen Linie, die der Künstler in seinem
Werk meisterhaft einsetzte. Vor allem in den Zeichnungen
begegnen wir der konturierenden, die grosse Form um-

01 —— Ulrich Raulff, »Nachwort«, in: Aby M. Warburg, *Schlangenritual: Ein Reisebericht*, Berlin 1988, S. 83; zu Aby Warburgs Amerika-
reise und Warburg als Photograph vgl. Benedetta Cestelli Guidi / Nicholas Mann (Hgg.), *Grenzerweiterungen: Aby Warburg in Amerika
1895–1896*, Hamburg / München 1999; zur Neuausgabe von Warburgs
Schriften vgl. Aby Warburg, *Werke in einem Band*, hg. von Martin
Treml, Sigrid Weigel, Perdita Ladwig, Berlin 2010, v. a. S. 495–600.
02 —— Vgl. Jutta Ströter-Bender, *Die Muttergottes: Das Marienbild in
der christlichen Kunst – Symbolik und Spiritualität*, Köln 1992, v. a.
S. 17 ff.

reissenden Linie naturgemäss immer wieder. Dieses Interesse an der kontrollierten Linie teilt der Künstler mit zwei jüngeren Kollegen aus seinem Umfeld: André Thomkins und Aldo Walker. Thomkins studierte 1947–1949 an der Kunstgewerbeschule Luzern bei von Moos. Walker besuchte 1958–1961 seine Abendkurse und unternahm in dieser Zeit erste Malversuche. Er kam durch von Moos erstmals in Berührung mit moderner Malerei und Literatur.

I   MAX VON MOOS (1903–1979)

Die Arbeit im Atelier war für Max von Moos eine analytische Tätigkeit, die sich nicht auf die Malerei beschränken liess.[03] Sie diente zuerst der Hervorbringung von Bildern, war für ihn aber auch stete Selbsterforschung und -erfahrung, umfasste das Studium von Kultur-, Religions-, Philosophie- und Naturgeschichte und bedingte nicht zuletzt Zeitgenossenschaft und Parteinahme in gesellschaftspolitischer Hinsicht. Malerei war für Max von Moos weniger ein Beruf als eine Lebensform.

Moderne im Zeichen der Tradition

Die Wertschätzung des Handwerks und Kunstgewerbes gehörten für die Innerschweizer Künstler seiner Generation zu den kulturellen Voraussetzungen, die es zu überwinden galt. Von Moos dagegen – befreundet mit dem marxistischen Luzerner Kunsthistoriker und Publizisten Konrad Farner, auf dessen Empfehlung er von dem deutschen, seit 1932 in Paris lebenden Kunsttheoretiker Max Raphael in

03 —— Zu Max von Moos vgl. Roman Kurzmeyer, »Prinzip Zweifel: Zum 100. Geburtstag des Schweizer Malers Max von Moos«, in: *Neue Zürcher Zeitung* 284 (6./7. Dezember 2003), S. 46, sowie Roman Kurzmeyer, *Max von Moos (1903–1979): Atlas, Anatomie, Angst / Atlas, Anatomy, Angst – Joseph von Moos, Max von Moos, Elie Nadelman, Max Raphael*, Zürich / Wien / New York 2001.

Luzern in den Marxismus eingeführt wurde – entwarf noch
in den 1930er- und 1940er-Jahren unbeirrt kirchliche Ge-
wänder, hauptsächlich für die Paramenten-Werkstatt der
Benediktinerinnen des Klosters Maria-Rickenbach. 1937,
im Jahr seiner ersten Einzelausstellung im Kunstmuseum
Luzern, kuratierte von Moos im Luzerner Paulusheim eine
grosse Paramentenausstellung und publizierte über sa-
krale Kunst. Ausserdem war er in dieser Zeit als Buchge-
stalter für den Vita-Nova-Verlag Luzern tätig, der 1934 als
verlegerisches Instrument gegen den Nationalsozialismus
gegründet worden war. Die Publikationen dieses Verlags
sollten den christlichen Widerstand im deutschsprachigen
Raum unterstützen. Max von Moos gestaltete bis 1938 zahl-
reiche Bucheinbände, darunter 1936 jenen für den von Walter Benjamin in Luzern unter dem Pseudonym Detlef Holz
veröffentlichten Band *Deutsche Menschen: Eine Folge von
Briefen.*

Die Künstler der ersten Avantgarde stellten stets das
Medium selbst in Frage, der Beitrag von Max von Moos
zur Erneuerung der Malerei hingegen war einer, der das
Bild stärkte. Er hatte in seinem Vater, dem Jugendstil-
künstler und langjährigen Direktor der Luzerner Kunstgewerbeschule Joseph von Moos (1859–1939), einen technisch versierten und stilistisch gegenüber der neuen Kunst
aufgeschlossenen Lehrer, dessen Bilder Barmherzigkeit,
Nächstenliebe und Gottvertrauen thematisieren. Die Menschen auf seinen Gemälden tragen ihr Schicksal stets mit
Würde und Fassung. Auch Max von Moos war am menschlichen Schicksal interessiert, verbot sich aber in der Malerei nicht nur jegliche metaphysische Überhöhung, sondern steigerte Entstellung, Verfall und Schmerz sogar
bewusst ins Unerträgliche. In seinem Werk gibt es kein
konfliktfreies Bild. Seine Konzeption von Wahrhaftigkeit
verlangte – darin dem Ansatz Rodins verwandt – nach einer
aus Bruchstücken zusammengesetzten Bildordnung.[04]

04 —— Bénédicte Garnier, *Rodin – Antiquity is My Youth: A Sculptor's
Collection,* Paris 2002.

Das kulturelle, politische und ästhetische Spannungs-
feld, in dem von Moos malte, wird deutlicher, wenn man
sich vergegenwärtigt, dass er 1936 an der Ausstellung *Zeit-*
probleme in der Schweizer Malerei und Plastik im Kunsthaus Zürich beteiligt war und 1937, im Jahr der Weltausstellung in Paris, Mitglied der Künstlervereinigung *Allianz,*
Vereinigung moderner Schweizer Künstler wurde. Als Ver-
treter der Schweiz wurden die Künstler Walter Clénin,
Heinrich Danioth, Carl Roesch, Maurice Barraud, Arnold
Huggler und Karl Geiser zur Pariser Weltausstellung ent-
sandt. Dort wurde das Publikum im spanischen Pavillon
mit politisch engagierter Kunst konfrontiert: Die Menschen drängten sich vor Picassos epochalem Gemälde
Guernica (1937). Im Schweizer Pavillon dagegen war ein
Wandgemälde von Clénin zu sehen, das einen kräftigen
Alphornbläser im Kreis seiner Familie zeigte.[05] Auch die
übrigen beteiligten Künstler entwarfen in ihren Arbeiten
ein völlig anachronistisches Bild der Schweiz als »para-
diesisches Hirten- und Bauernland«. Der Urner Heinrich
Danioth malte eine Hirtenszene, Carl Roesch zeigte in seinem Wandmosaik Ringer, von Barraud war eine Ziegen-
hirtin und von Arnold Huggler ein bronzenes Reh aus-
gestellt. Europa sollte wenige Jahre später in Flammen
aufgehen, der Krieg den Kontinent in seiner kulturellen
und wirtschaftlichen Entwicklung um Jahrzehnte zurück-
werfen. Max von Moos hat seine Kunst nicht der Kriegs-
thematik verschlossen und den Dialog mit der *internatio-*
nalen Kunst gesucht: Er schuf eine Reihe von Gemälden,
die sich schon während des Spanischen Bürgerkriegs direkt auf den Krieg bezogen. Für Max Raphael, Marxist
und Jude, dem 1941 die Emigration nach New York gelang,
setzte sich von Moos nach Kräften ein. Er intervenierte bei
Behörden, hielt den Kontakt mit Raphael auch während
dessen Flucht innerhalb Frankreichs aufrecht und unter-

05 —— Hans-Jörg Heusser, »Der Surrealismus und die Schweiz der
dreissiger Jahre«, in: Rudolf Koella (Hg.), *Neue Sachlichkeit und Sur-*
realismus in der Schweiz, 1915–1940, Bern s.a. [1979], S. 79–90.

stützte ihn finanziell. Der Horizont, vor dem Max von Moos Schrecken, Angst und Tod wahrnahm, lag im Unterschied zu jenem der offiziellen Schweizer Maler weit jenseits der Landesgrenze.[06]

Malerei im Zeitalter des Konzeptualismus

In einer Malerei von bemerkenswerter technischer Meisterschaft schildert von Moos seine Weltangst und das Versagen der Wahrnehmungs- und Ausdrucksfähigkeit angesichts einer unheilvollen Wirklichkeit. In seinen Lebenserinnerungen spricht der Künstler vom »Fluch, im 20. Jahrhundert Maler zu sein«. Die grosse Mehrzahl der Künstler seien Spezialisten, Fachkräfte auf dem Gebiet der Kunst ohne universelle Aufgabe und Verantwortung. Selbst »ein Titan wie Picasso« sei davon betroffen: »Dieser Erdrutsch ist unaufhaltsam. Mein ganzer Motivkreis liegt im Erdrutschgebiet. Ich bemühe mich, sorgfältig zu malen, weil ich den Erdrutsch aufhalten will. Aber dass es nicht gelingt, ist eine ständige Quelle von Angst, Unruhe, verfehltem Leben.«[07] Neben den Evokationen des Schrecklichen führen seine Bilder in archaische oder von der Zivilisation unberührte Schichten des Lebens. Von Moos malte Unterwasserbilder, Grabkammern, Versteinerungen und Anatomien. Seine surrealistische Malerei wendet sich an einen Blick, der sich vom demonstrativen Spiel mit der Form und der Formabwandlung ansprechen und ins Bild führen lässt. Selbst inhaltlich extreme Bildlösungen lassen sein Vertrauen in die Malerei und seine Suche nach künstlerischer Schönheit erkennen.

In der Moderne verliert die technische Fertigkeit des Künstlers an Bedeutung, das Kunstwerk wird im 20. Jahr-

---

06 —— Vgl. weiterführend Otto Karl Werckmeister, *Das surrealistische Kriegsbild bei Max von Moos*, Zürich / Wien / New York 2005 (= Schriftenreihe der Max von Moos-Stiftung, Band 1).

07 —— Max von Moos, zit. nach Hans-Jörg Heusser, »Max von Moos – eine Biographie«, in: Peter Thali (Hg.), *Max von Moos*, Zürich 1974, S. 249.

hundert in erster Linie als konzeptuelle Leistung verstan-
den. Das bis heute vielbeschworene Ende der Malerei war
schon für Max von Moos ein unabänderliches Faktum. Dieses Ende ist keineswegs nur eine Redensart, sondern lässt
sich beschreiben und lokalisieren. Es fällt zeitlich zusammen mit dem Aufbruch in die Moderne. Von Moos betrieb
seine Malerei schon im Zeitalter des Konzeptualismus. Die
Modernität seines Schaffens liegt nicht in seinem Kunst-
*werk*begriff, der, wie er selbst wusste, einer vergangenen
Kultur angehört, sondern in der Thematik. Heute ist die
Malerei eine von vielen individuell handhabbaren Techniken, für Max von Moos repräsentierte sie das kulturelle
Gedächtnis. Malerei war eine erlernbare und lehrbare
Sprache, die es durch den Künstler zu verändern und wei-
terzuentwickeln galt, die aber immer auch ihre Referenz
in der Geschichte hatte.

II ANDRÉ THOMKINS (1930–1985)

André Thomkins, der ebenfalls in Luzern aufgewachsen
ist, dessen künstlerische Laufbahn sich aber vor allem in
der Bundesrepublik Deutschland entfaltete, gehört wie
Max von Moos in die Kategorie der vielseitig interessierten, belesenen, kunstwissenschaftlich gebildeten und äus-
serst produktiven Künstler. Obschon er jung verstarb, hinterliess er ein immenses klein- und kleinstteiliges Werk,
das bisher nur zu geringen Teilen öffentlich bekannt und
wissenschaftlich erschlossen ist. Thomkins kam wie Aldo
Walker durch seinen Zürcher Jugendfreund Serge Stauffer früh mit dem Werk von Marcel Duchamp in Berührung, dessen Humor und ironische Distanz zum Kunst-
betrieb ihm wohl gefielen, und mit dem er das Interesse
an kryptischen Texten, am Spiel mit Referenzen sowie an
Jarry'scher 'Pataphysik, nicht aber die Vorbehalte gegenüber der Malerei teilte. Zwar sind sowohl Thomkins wie
Duchamp Künstler, deren Arbeiten man auch *lesen* muss,
doch gibt es im Schaffen von Thomkins mit den *Lackskins*

auch eine beim Publikum besonders erfolgreiche Werkgruppe, die sich ausschliesslich an den Sehsinn wendet. Für deren Herstellung goss der Künstler Lackfarben in ein Wasserbad, beobachtete und beeinflusste den Fliessvorgang der auf der Wasseroberfläche schwimmenden Lacke und übertrug schliesslich das Bild auf ein Blatt Papier, indem er dieses vorsichtig auf die Lackschicht legte, die daran haften blieb.

Orientierung am Surrealismus

1969 stellte Serge Stauffer anlässlich der Ausstellung *Freunde – Friends – d'Fründe. Karl Gerstner, Diter Rot, Daniel Spoerri, André Thomkins und ihre Freunde und Freundesfreunde,* die in den Kunsthallen Bern und Düsseldorf zu sehen war, »100 fragen an andré thomkins«, darunter auch jene nach der wichtigsten künstlerischen Bewegung im 20. Jahrhundert. Thomkins' Anwort vermag in unserem Zusammenhang nicht wirklich zu überraschen, soll aber wegen der präzisen Begründung doch ausführlich zitiert werden: »der surrealismus, wegen seiner mehr gedanklich, als ästhetisch bestimmten position und wegen seiner fähigkeit, extrem individuelles potential gesellschaftlich wirksam zu machen.«[08] Auf seine »lieblingsmaler? dichter? musiker?« angesprochen, erwähnt er aus der Geschichte Bosch, Leonardo und Bach sowie Duchamp, Roussel und Thelonious Monk unter den »neuen« Künstlern. Er nennt aber auch die »sprache«. Thomkins' Affinität zum Wort und zum Wortspiel (Anagramm) bringen seine Werke auf brillante und heitere Weise zum Ausdruck. Er befrage die Wort- und Bildformen nach ihrem Bedeutungsspielraum, sagt er in demselben Interview; Qualität verbinde er mit dem Begriff der »Permanentszene«. Das entsprechend betitelte Blatt aus dem Jahr 1956 ist eine signierte, ansonsten

---

08 —— André Thomkins, zit. nach: »100 fragen an andré thomkins«, in: Hans-Jörg Heusser / Michael Baumgartner / Simonetta Noseda (Hgg.), *André Thomkins (1930–1985): Umwege, Denkmuster, Leitfäden,* Köln 1999, S. 441.

aber unverändert übernommene Abbildung aus einem 1928 erschienenen Inserat einer Lebensversicherung. Sie zeigt vier Personen, drei Erwachsene und ein Kind, zusammen in einem Raum bei demonstrativ ausgeführten Übungen für eine bessere Körperhaltung. »Etwas in der Szene ist in der Schwebe gehalten und dadurch mehrdeutig«, schreibt Simonetta Noseda in ihrem Eintrag zur »Permanentszene« im *Thomkins-Glossar*. Die Situation werde aus ihrem eigentlichen Zusammenhang gelöst und erlange durch ihre Vieldeutigkeit »eine atemporale Permanenz«.[09] Thomkins selbst spricht von »Bilderrätsel«.

Labyrinth und Rhizom

Die von Thomkins bevorzugten Ausdrucksmittel waren der Bleistift und die Feder. Er zeichnete, schrieb und aquarellierte. Er ist ein Künstler des kleinen Formats und zugleich ein Schöpfer vielschichtiger Räume, regelrechter Universen. Immer wieder hat er sich mit dem Labyrinth befasst. Auf das Buch *Die Welt als Labyrinth: Manier und Manie in der europäischen Kunst* (1957) des Kunsthistorikers Gustav René Hocke, ein Standardwerk zum Manierismus, machte ihn Serge Stauffer schon im Erscheinungsjahr aufmerksam. Hocke hat nie über Thomkins geschrieben, deutete aber 1971 eine Gruppe von Zeichnungen, die dessen Lehrer Max von Moos 1969 in Rom geschaffen hatte, in einem kleinen Text als »Stenogramme über das Antike und das Moderne«.[10] Max von Moos war fasziniert vom Manierismus, da dieser die autonome, erfundene und elaborierte Form begünstigt und die Kunst nicht auf die Funktion der Wiedergabe von Realität beschränkt. Die von Hocke vermittelte Kunsttheorie Federico Zuccaris (1542–1609), vor allem der von ihm als eigentlich manieristische Bildkate-

09 —— Simonetta Noseda, »Thomkins-Glossar«, in: *Thomkins* (wie Anm. 08), S. 406.
10 —— Gustav René Hocke, »Surreale Veduten: Aus dem Werk des wenig bekannten Schweizers Max von Moos«, in: *Artis* 9 (September 1971), S. 24–26.

gorie bezeichnete »disegno fantastico-artificiale«, der auf
einem »disegno interno« des Künstlers basiere, von Zuccari
auch »concetto« genannt, stellt gemäss Hans-Jörg Heusser
ein kritisches Instrumentarium zur Verfügung, das dazu
geeignet erscheint, nicht nur über die Kunst des 17. Jahr-
hunderts nachzudenken, sondern sich in gleicher Weise
mit jener von André Thomkins auseinanderzusetzen.[11] Im
Licht dieser Lektüre sowie der Verbindung Thomkins' zu
Max von Moos verwundert es kaum, dass Thomkins im Unterschied zu Künstlerfreunden wie Dieter Roth, Nam June
Paik oder Daniel Spoerri nie ernsthaft an der Erweiterung
des Kunstwerkbegriffs interessiert war. Es gibt zwar das
Projekt »Labyr«, eine Zusammenarbeit mit Architekten,
Musikern und Künstlern, darunter der Holländer Constant,
der damals schon an seinem fantastischen »New Babylon«
arbeitete, und der Regisseur Carlheinz Caspari; doch »Labyr« war ein architektonisch-urbanistisches Projekt, das
auf neue Formen der Raumgestaltung und des schöpferi-
schen Zusammenlebens ausgerichtet war und von der Debatte um die Erweiterung des Kunstwerkbegriffs lediglich
am Rande Notiz nahm. Die Bezeichnung, eine Abkürzung
der Wortschöpfung »Labyratorium«, stammte von Thomkins.[12] Im selben Jahrzehnt, in dem amerikanische Künstler der Land Art wie Michael Heizer oder Robert Smithson
im Westen der Vereinigten Staaten unterirdische, nicht be-
gehbare Räume planten oder bauten und Walter De Maria
ein zirkuläres Wegesystem in der unendlichen Weite der
Prärie anlegte, zeichnete Thomkins auf kleine Zettel laby-
rintische Anlagen in fantastischen Landschaften, die nur
auf den ersten Blick an Ideen für reale Architektur erinnern. Es sind vielmehr Räume für das Auge. Auch wenn
Thomkins regen Anteil an den Diskussionen um neue Orte
und Formen des Zusammenlebens nahm und fasziniert war
von den Erfindungen von Richard Buckminster Fuller, so

---

11 —— Hans-Jörg Heusser, »›er dachte sich zum Docht‹: Grundriss einer Thomkins-Topographie«, in: *Thomkins* (wie Anm. 08), S. 12 f.
12 —— Simonetta Noseda, »Thomkins-Glossar«, in: *Thomkins* (wie
Anm. 08), S. 390 f.

besteht doch kein Zweifel daran, dass seine kleinen Blät-
ter mit den in sich verschlungenen, verknoteten, präzise
gezeichneten Linien keine Entwürfe, sondern die Realisierung des »disegno interno« sind, selbstständige, autonome
Konfigurationen.[13] Seine Aquarelle und Zeichnungen, die
schon erwähnten utopischen Landschaften der frühen siebziger Jahre beispielsweise mit ihren fiktiven Architektu-
ren und verborgenen Gangsystemen, wenden sich an die
Vorstellungskraft der Bildbetrachter und fordern diesen
viel ab. Die konzise ineinander übergehenden Räume öff-
nen sich erst in der geduldigen Wahrnehmung. Den Zeichnungen auf den kleinen Blättern in der Betrachtung ge-
recht zu werden, sie nur schon erfassen zu können und das
Auge darin wandern zu lassen, ihre immense Weite und die
unterschiedlichen Stimmungen und Situationen überhaupt
wahrzunehmen, dies ist in unserer Zeit, in welcher der Betrachter auch durch die aktuelle Kunst auf die nicht mehr
nur visuelle, sondern auch körperliche, mediale und be-
griffliche Wahrnehmung des Realraums konditioniert ist,
nicht mehr so selbstverständlich und einfach wie es scheinen könnte. Thomkins' Kunstverständnis hat in seinem
Vertrauen auf das Auge anachronistische Züge, zugleich
liegt darin auch die Stärke und Eigenart seiner Arbeit.

Der Kunsthistoriker Michael Baumgartner hat Thomkins'
Zeichnungen mit dem natürlichen Phänomen des Rhizoms
in Verbindung gebracht und daran erinnert, dass auch dieses netzartige Geflecht nach Auffassung der französischen
Philosophen Deleuze/Guattari als Labyrinth gelten könne:
»Seine [des Rhizoms] Struktur ist nicht hierarchisch oder
genealogisch organisiert – jeder Punkt kann mit jedem an-
deren Punkt des Netzes verbunden werden. Es gibt keine fi-
xierte Positionen, nur Linien. Der Weg durch das Netz oder
Rhizom ist jederzeit frei wählbar und führt nie zum Ziel.
Das Rhizom hat seine eigene Aussenseite, mit der es wie-

13 —— Vgl. dazu vertiefend Michael Baumgartner, »André Thomkins: Imaginärer Raum, utopische und phantastische Architektur«,
in: *Thomkins* (Anm. 08), S. 58 f.

derum ein anderes Rhizom bildet, es hat daher weder ein
Aussen noch ein Innen.«[14] Anschaulich macht Baumgartner
seinen Gedankengang am Beispiel von Thomkins' Federzeichnung *labyr des éléphants* (1961), einer Miniatur von
15 × 13 cm, auf der rund ein Dutzend im Kreis angeordne-
ter Elefanten die Rüssel so untereinander verknoten, dass
der Knäuel die Form eines komplexen, mehrdimensiona-
len Netzes annimmt und zum Bild einer Blüte wird.[15] Von
hier aus ist es nicht weit zu den unendlichen Rapporten
auf seinen Aquarellen der sechziger Jahre, die nicht nur
wie gewebt aussehen, sondern mit den Mitteln der Zeichnung tatsächliche Gewebe darstellen. Es sind Flechtwerke,
in deren sich ornamental wiederholendem Muster unver-
mittelt eine eingewobene Figur, ein Auge oder eine Treppe
auftauchen können, die dem Betrachter Orientierung ver-
sprechen. Sie holen die Szenerie aus der Fläche der Zeichnung in den Raum der Vorstellung. Da ist sie wieder, die
Schlangenlinie, als Faden im Bildgewebe (Subjekt) und als
Form (Objekt), die Raum nicht nur bilden oder auf ihn ver-
weisen kann, sondern selber Raum verkörpert.

Im Unterschied zu Aldo Walker, der, wie wir noch sehen
werden, das Bild ebenfalls als Symptom für Polyvalenz,
Mehrdimensionalität und Potenzialität auffasste und be-
harrlich daran arbeitete, beim Betrachter multiple Figuren mit rein linearen, eindimensionalen, an der Kontur-
linie orientierten Bildern hervorzurufen, war Thomkins
nicht an der Reduktion des Bildes auf ein inhaltlich am-
bivalentes Zeichen interessiert, sondern an der Vervielfa-
chung und Verschränkung der Linie und den damit mögli-
chen Raumillusionen.

14 —— Ebd., S. 79.
15 —— Ebd.

III   ALDO WALKER (1938–2000)

Aldo Walker gelangte als Autodidakt zur Kunst. Schon in den frühen sechziger Jahren befasste er sich mit der Conceptual Art. 1969 ist er an der Ausstellung *Operationen: Realisation von Ideen, Programmen und Konzeptionen im Raum, Environment, Objekt, Licht, Film, Kinetik, Bild, Ton, Spielaktion* im Museum Fridericianum in Kassel beteiligt wie auch an Harald Szeemanns *When attitudes become form* in der Kunsthalle Bern. Im Jahr zuvor hatte er nach dem Besuch der Doppelausstellung Max von Moos und Otto Tschumi im Kunstmuseum Winterthur in einem Brief an von Moos geschrieben:»Wissen Sie, ich bin sehr begeistert von den neuesten Ereignissen in der bildenden Kunst, den Kinetikern, Minimalisten und Pop Artisten, so Tinguely, Bury, Stella, Albers, Indiana, Dine, den Engländern Hamilton und Kitaj, die Ausstellung in Winterthur aber ist vom Besten, was ich in den letzten Jahren gesehen habe.«[16]

Konzeptuelles Informel

Aldo Walkers künstlerische Entwicklung lässt sich nicht bis in ihre Anfänge zurückverfolgen.[17] Seine frühesten erhaltenen Arbeiten, die *Schweissbrennerbilder*, sind zugleich die ältesten bekannten. Sie entstanden um 1963 und lassen schon den an Konzept und Objekt interessierten Künstler erkennen. In den Jahren zuvor, 1958–1961, besuchte Walker die Abendkurse bei von Moos an der Kunstgewerbeschule Luzern und kam dabei erstmals in Berührung mit den Fragen der Moderne. Max von Moos befasste sich in jener Zeit mit dem Tachismus, den er 1955 in der Kunsthalle Bern kennengelernt hatte. Am Anfang von Walkers

16 —— SIK-ISEA, Zürich, Nachlass Max von Moos: Brief Aldo Walker an Max von Moos, Luzern, 5. November 1968.
17 —— Vgl. zu diesem Kapitel Roman Kurzmeyer, *Kunst überfordern: Aldo Walker (1938–2000) – Geschichte und Lektüre seiner Kunst*, Zürich 2006.

künstlerischer Entwicklung stehen Versuche in der Malerei, die er verworfen und auch nicht dokumentiert hat. Es handelte sich dabei in seinen Worten um eine »Malerei in experimenteller Maltechnik, mit dem Bemühen um Wiederbelebung der Anekdote mittels ungegenständlichen Formerfindungen (Symbole), die allg. verständlich sein sollen, jedoch nicht auf abstrahierten Gegenstandsfetzen beruhen.«[18] In dieser 1965 verfassten Beschreibung seiner Arbeit findet sich in der Chronologie der künstlerischen Entwicklung für das Jahr 1960 der Ausdruck »dynamische Malerei«. Was man sich darunter vorzustellen hat, ist nicht überliefert. Mit den drei Jahre später geschaffenen Schweissbrennerbildern wendet sich Walker von der Malerei und dem konventionellen Tafelbild ab, um sich mit prozessualen Arbeiten und Installationen auseinanderzusetzen. Sie gingen aus einem ikonoklastischen Verfahren hervor, bei dem Walker die gemalten Oberflächen eigener ungegenständlicher Gemälde auf Holztafeln mit dem Schweissbrenner entstellte. Anschliessend wurden die Bildflächen geschliffen und ausgebrannte Stellen weiss ausgemalt. Man könnte von einem konzeptuellen Informel sprechen – konzeptuell insofern als die gestische Dimension des neu geschaffenen Bildes durch die Ausmalung wieder aufgehoben wird.

Als sich Walker 20 Jahre später erneut dem Tafelbild zuwendet, tut er dies nicht mehr als Maler. Die Recherche kreist nun um die Frage, was ein Bild sei. Zehn Jahre lang produzierte er Tafelbilder, ohne jedoch Malerei zu betreiben, arbeitete mit Linien auf einfarbig grundiertem Tuch, ohne jedoch zu zeichnen. Die Figur kann dabei sowohl in weisser Farbe auf einen schwarzen, gespritzten Hintergrund gemalt sein als auch umgekehrt als Lineatur in schwarzer Farbe auf Weiss erscheinen. Im Verlauf der achtziger Jahre entstanden vereinzelt auch farbige Arbeiten, insbesondere 1984/85 während seines Aufenthalts

---

18 —— SIK-ISEA, Zürich: Unterlagen zu Aldo Walker im Künstlerarchiv, 23. Februar 1965.

im Atelier der Schweiz am PS 1 in New York, wobei wiederum sowohl die Kontur der Figur als auch das Bildfeld farbig sein können. Diese farbigen Arbeiten, auf denen die schwarz konturierte Figur als weisse Silhouette im Bildfeld erscheint, zeigte er 1985 in der Galerie Rivolta in Lausanne. Das Bild entsteht nicht im malerischen Prozess, sondern es wird zeichnerisch mit Bleistift oder Filzstift auf transparentem Papier vorbereitet und soweit eingeübt, dass er das Bild nur mehr mit dem Pinsel und um ein Vielfaches vergrößert auszuführen braucht. Es sind polyvalente ikonische Lösungen, die einen vergleichsweise minimalen malerischen Aufwand erfordern.

Linienbilder

Am Anfang dieses Werkabschnitts stehen das *Basler Alphabet* und die Mannheimer Arbeiten (1982), die teilweise in Zusammenarbeit mit dem Künstlerfreund Rolf Winnewisser entstanden sind. Die ersten dieser Linienbilder, beispielsweise *Herr Ober, wir verändern die Welt* (1982) oder *Vater und Sohn* (1982), bringen im Unterschied zu späteren Bildern eindeutige Referenzsysteme ins Spiel und sind auf einer metadiskursiven Ebene erzählerisch. Sie beruhen auf dem künstlerischen Prinzip, figurative Elemente zu wiederholen und dabei mit dem Mittel der Differenz zu arbeiten. Ein Bild wie *Vater und Sohn* suggeriert durch den Titel, es handle sich um eine Arbeit, welche die Frage nach Ähnlichkeit und Differenz aufwerfe, tatsächlich aber ist es die identische Wiederholung einer Figuration, sie thematisiert also die Serie.

Aldo Walker versucht, die Figuration hinter sich zu lassen, ohne allerdings am abstrakten oder gar gegenstandsfreien Bild interessiert zu sein. Er sucht im Gegenteil nach einem Weg, das Bild als ein Ding eigenen Rechts aufzufassen, das nichts darstellt, sondern wie alles Lebendige selber zugleich Objekt und Subjekt ist. Der Ansatz, das Bild als Symptom für Polyvalenz, Mehrdimensionalität und Potenzialität zu sehen, verändert dessen Status. Im Zentrum des bildnerischen

Prozesses steht nicht die Konstruktion, nicht die Synthese, auch wenn das Werk technisch aus einem konstruktiven bildnerischen Verfahren hervorgeht, sondern die Akkumulation und Sichtbarmachung multipler und simultaner Erscheinungen.

In den späten sechziger Jahren tritt Walker mit Konzeptarbeiten an die Öffentlichkeit. Die Mehrzahl der bekannten Pläne und Konzepte entstand zwischen 1965 und dem Jahr seiner Teilnahme an der Ausstellung *Visualisierte Denkprozesse* im Kunstmuseum Luzern 1970. Als Handschrift kommt der Linie im Werk Walkers von Beginn an eine gewisse Bedeutung zu. 1970 entstand eine Reihe von Arbeiten, die man als Schriften oder, in einer Formulierung des Künstlers, als »sprachgeprägte Objekte« bezeichnen könnte. Überwiegend sind dies installative Arbeiten, räumliche Umsetzungen handschriftlicher Datierungen oder Signaturen. *neunzehnhundertsiebzig* (1970) ist eine solche Arbeit. Ein Wasserschlauch ist so an der Wand montiert, dass er den titelgebenden Schriftzug ergibt. Das eine Ende wird an einen Wasserhahn angeschlossen, das andere mündet in einen Schacht. Die Arbeit trägt den Zusatz: »Ein Wasserlauf seinem Entstehungsjahr folgend«. Bekannt sind auch die aus einem Wärmekabel geformten Initialen *AW*, der in Sägemehl ausgeführte Schriftzug *neunzehnhundertsiebzig* oder das aus einem Kupferrohr gebogene Datumsbild *Luzern 2 feb 70*, alle von 1970. Das Kupferrohr ist an ein Kühlaggregat angeschlossen und wird auf die an jenem 2. Februar in Luzern gemessene Aussentemperatur gebracht. Den nach seinen Initialen geformten Kupferdraht erwärmt Walker auf seine eigene Körpertemperatur.

Der Kunsthistoriker Horst Bredekamp weist in einem kleinen, »Die Unüberschreitbarkeit der Schlangenlinie« überschriebenen Beitrag zur Bedeutung der Zeichnung auf Paul Klees *Variationen der Schlangenlinie* im 1925 erschienenen *Pädagogischen Skizzenbuch* hin. Klee schreibt zu seiner liegenden S-Linie: »Eine aktive Linie, die sich frei ergeht, ein Spaziergang um seiner selbst willen, ohne Ziel.

Das agens ist ein Punkt, der sich verschiebt.«[19] Die Schlangenlinie wird also als ein elastischer Punkt aufgefasst, der sowohl die einsetzende Formung darstellen als auch den Übergang ins Nichts vollziehen kann. Bredekamp sieht die Bedeutung der Zeichnung als »Medium und Symbol des innovativen Kerns aller geistigen Tätigkeit« in der Wertschätzung dieser Linienform begründet: »Die Bedeutung der Linie als Urelement aller Bewegungen der Natur und der Kunst ist nicht unangefochten geblieben, und es hat immer wieder, allem voran im Impressionismus, Bestrebungen gegeben, die Kontur in die atmosphärische Wirkung von Raum- und Sprühlichtzonen aufzulösen. Diesen fehlt aber der Doppelcharakter der Linie, in ihrer Reduktion auf den beweglichen Punkt äußerst präzise zu sein und doch jede Freiheit zuzulassen.«[20] Für Bredekamp verkörpert die Linie deshalb vor allem ein intellektuelles Verfahren, das, wie er vermutet, in jeder Zeit und in jedem Medium anzutreffen ist. Walker erkennt die visuelle und zugleich schriftliche Natur der Linie. Während die schriftgeprägten Objekte der siebziger Jahre diese Doppelnatur als Tautologie formulieren, zeigen die Gemälde der achtziger Jahre die Inkommensurabilität von Linie und Zeichen, indem Walker fragmentierte Konturen und Zeichen verwendet und damit die Linie wieder als reines Ereignis ins Recht setzt.

Das Bild als Ursprung

»Ein Kunstwerk enthält wenig Mitteilung«, schreibt der ungarische Philosoph Michael Polanyi, »sein Hauptzweck ist es, unsere Teilnahme an seiner Äusserung zu erwecken«.[21] Diese Feststellung lässt sich direkt darauf bezie-

19 —— Paul Klee, *Pädagogisches Skizzenbuch*, München 1925 (= Bauhausbücher 2), S. 6.
20 —— Horst Bredekamp, »Die Unüberschreitbarkeit der Schlangenlinie«, in: *minimal – concept: Zeichenhafte Sprache im Raum*, Amsterdam / Dresden 2001, S. 205–208.
21 —— Michael Polanyi, »Was ist ein Bild?«, in: Gottfried Boehm (Hg.), *Was ist ein Bild?*, München 1994, S. 148–162.

25

hen, in welcher Weise die in den achtziger Jahren gemalten Bilder Aldo Walkers den Betrachter ansprechen. Polanyis Ansicht nach werden »Kunstwerke ganz allgemein durch die Integration von zwei inkompatiblen Elementen gebildet, deren eines eine versuchte Mitteilung ist, und deren anderes eine künstlerische Struktur, die der Mitteilung widerspricht. Die harmonische Verbindung, die diese beiden Elemente eingehen, hat Qualitäten, die weder in der Natur noch im menschlichen Leben zu finden sind, und darum kann das Kunstwerk auch keine realen Fakten mitteilen.« Der Autor erinnert in diesem Zusammenhang an die Erklärung von Maurice Denis, ein Bild sei »wesentlich eine Oberfläche, die mit Farbe in einer bestimmten Anordnung bedeckt ist«. »Gegenstand« und »Rahmenwerk« eines Kunstwerks sind, um die Argumentation von Michael Polanyi noch einmal aufzunehmen, »strikt inkompatibel«.[22] Es ist dieses Verhältnis, das auch für die Erfahrung des Werks von Aldo Walker entscheidend ist. Polanyi spricht von einem »transnaturalen Bereich«, der der Kunst eigen sei: »Das bedeutet nicht, dass die Wirkung der darstellenden Kunst völlig ausserhalb unserer Beziehung zur Natur oder zur menschlichen Praxis liegt. Kunstwerke können gewisse Fakten beinhalten, und diese können überzeugend oder irreführend scheinen. Kunst kann sogar bewusst Ideen ausdrücken, und diese können wahr oder falsch sein. Aber die Wahrheit seiner Ideen macht nicht das wahre Kunstwerk aus, so wenig deren mögliche Falschheit – auch wenn sie anstössig ist – ihre Verkörperung in einem Kunstwerk entwerten würde.«[23] Die Kraft der Kunst liegt in ihrer Fähigkeit, aus der Erfahrung bekannte Gegenstände in einer Form darzustellen, »die alle natürliche Erfahrung übersteigt.«[24]

Welches sind nun die Elemente von Metier und Praxis bei Aldo Walker? Zunächst sei daran erinnert, dass Walker bis

22 —— Ebd., S. 158.
23 —— Ebd.
24 —— Ebd., S. 160.

26

1979 als Elektriker einen Einmannbetrieb führte. Er verfügte in dieser Zeit weder über ein eigenes Atelier noch
über ein Lager. Seine Konzeptarbeiten entstanden nachts
im Wohnzimmer seiner Mietwohnung. Er bewahrte die
Zeichnungen auf. Installationen, die nach diesen Plänen
realisiert wurden, zerstörte er nach Ausstellungsende. Das
in dieser Zeit entstandene Werk, das ihn über die engere
Heimat hinaus bekannt machte, findet zusammen mit den
Ausstellungsbesprechungen und der Korrespondenz Platz
auf kleinstem Raum. Die Kataloge standen im Bücherregal
des Wohnzimmers, in dem sich die Familie abends versam-
melte, und in dem der Künstler spät nachts am Tisch las,
beispielsweise Umberto Ecos *Das offene Kunstwerk*, und
bildnerisch arbeitete. Mit der Auflösung des Betriebes begann die Nutzung der Werkstatt als Atelier. Jetzt malte er
grossformatige Bilder. Walker war kein Künstler, der in
der Gegenwart seiner Werke lebte und arbeitete. Das Lager seiner Werke verlegte er in die Galerie des Freundes
Pablo Stähli. Zwar gab es inzwischen einen kleinen Markt
für sein Schaffen, doch selbst nach seinem Auftritt auf der
Biennale von Venedig und der Retrospektive in Aarau,
beide 1986, blieben die Verkäufe bescheiden. Walker gelangte als Autodidakt zur Kunst, und er war Handwerker.
Die Filzstiftzeichnungen der sechziger Jahre zeugen von einem entsprechenden Pragmatismus. Es sind schnelle Auf-
zeichnungen, die ausschliesslich im Dienst der Idee stehen.
Es gibt keine Reinschriften seiner Konzepte und keine Zer-
tifikate. Das einzelne Konzept ist kein – mit Eco zu sprechen – »ästhetisches Faktum«, sondern eine Skizze, wie
er sie auch als Elektriker auf Baustellen machte, um an-
dern Handwerkern zu erklären, wie er sich die technische
Lösung einer gestellten Aufgabe vorstellt. Es ist ein Plan
mit den für eine allfällige Realisierung nötigen Informationen. Seine Installationen aus den frühen siebziger Jahre
tragen den Atem des Handwerks förmlich in sich. Es sind
Werkstattarbeiten mit allen Spuren ihrer handwerklichen
Bearbeitung. Nicht nur, dass sie in ihrer materiellen Er-
scheinung und technischen Ausführung auf die Praxis des

Elektroinstallateurs hinweisen – so beispielsweise die verschiedenen Arbeiten mit Kühlaggregaten –, auch in ihrer
Thematik knüpfen sie an diese jahrelange Praxis an. Sie
handeln von geschlossenen Systemen, spannen Energie-
felder aus, verbinden Räume, zeigen Richtungen an und
visualisieren unsichtbare Energien. Die Installation funkti-
oniert wie ein Transformator. Mit der Wiederaufnahme der
Malerei, oder genauer mit der Rückkehr zum Bild im me-
tamalerischen Schaffen der achtziger Jahre begann auch
ein Prozess der stetigen Perfektionierung der handwerklichen Fertigkeit. Es ist nicht ohne Ironie, dass dieser Künstler, der zu den ersten Verfechtern der Konzeptkunst in der
Schweiz gehörte und dessen Werk auch wegen dieser Ent-
stehungsgeschichte stets unter Theorieverdacht steht, die
aus einfachen und ruhig verlaufenden Konturlinien auf-
gebauten Figuren ohne technische Hilfsmittel, allein mit
dem Pinsel akkurat aus der Hand malte. Die von ihm als
Deformationen bezeichneten Darstellungen auf seinen Bildern sind mit tiefem Formempfinden entworfene und mit
grösster Sorgfalt gemalte Figuren. »Es sind Bilder dessen,
was wir noch nicht kennen,« schreibt Max Wechsler 1986,
»das uns aber schon soweit vertraut erscheint, dass wir
es benennend zu besetzen und zu bannen suchen. Die diesen Bildern nachgesagten Verstümmelungen des Welt- und
Menschenbildes erweisen sich als Verstümmelungen unserer Wahrnehmung, die gemeinhin Form mit Inhalt gleich-
setzt.«[25] Auf der Ebene der Darstellung führt Walker den
Betrachter in der Tat in einen »transnaturalen Bereich«,
fängt die damit beim Betrachter willkürlich erzeugte Irri-
tation aber gleichzeitig wieder auf, indem er auf künstlerischer Ebene in demselben Bild und an derselben Figur
seine technische Meisterschaft unter Beweis stellt und im
Modus des Farbauftrags sein Empfinden für Schönheit und
Harmonie demonstriert. Seinem Erfahrungshintergrund
vertraut Walker, nicht aber dem Bild. Das ist keineswegs

25 —— Max Wechsler, »Aldo Walkers Bilder möglicher Wirklichkeiten: Retrospektive des Luzerner Künstlers im Aargauer Kunsthaus in
Aarau«, in: *Vaterland* 239 (15. Oktober 1986), S. 11.

Ausdruck einer negativen Auffassung des Bildes. Im Gegenteil. Der Kunsthistoriker Georges Didi-Huberman nennt ein zweideutiges, relationales Bild, das den Betrachter in einen Zustand der Ungewissheit versetzt, mit einem Wort Walter Benjamins ein »kritisches Bild«.[26] Ein kritisches Bild ist eines, das die semantischen Beziehungen, die es andeutet, immer nur beinahe herstellt. Ein echtes Bild erweise sich, so Didi-Huberman, immer als kritisches, »als ein Bild in der Krise, als ein Bild, das das Bild kritisiert – also imstande ist, eine theoretische Wirkung zu zeitigen –, und dadurch als ein Bild, das unsere Weisen, es zu sehen, in dem Moment kritisiert, in dem es uns dadurch, dass es uns anblickt, dazu verpflichtet, es wirklich anzuschauen«.[27] Es ist der eigentlich paradoxe Versuch, den Ursprung des Bildes als Bild zu formulieren.

IV   MAX ERNST (1891–1976)

Zeitgeschichtlich wäre Max Ernst nicht erst gegen Schluss dieses Essays zu behandeln, doch im Unterschied zu den jüngeren André Thomkins und Aldo Walker, die beide Max von Moos kannten, bei ihm »studierten«, sein Interesse am Manierismus teilten und aus demselben Mentalitätsraum stammten, spielt die Wirkungsgeschichte Max Ernsts in unserem Kontext keine Rolle. Es ist zwar bekannt, das Max von Moos mit der Bildwelt Max Ernsts vertraut war, besuchte er doch 1934, unmittelbar bevor er selbst sich dem Surrealismus zuwandte, die Ausstellung von Hans Arp, Max Ernst, Alberto Giacometti, Julio Gonzalez und Joan Miró im Kunsthaus Zürich, in der Max Ernst mit über fünfzig Arbeiten vertreten war. Ernst schrieb auch das Vorwort zum Ausstellungskatalog.[28] Ob

26 —— Georges Didi-Huberman, *Was wir sehen blickt uns an: Zur Metapsychologie des Bildes*, aus dem Französischen von Markus Sedlaczek, München 1999, S. 162.
27 —— Ebd.
28 —— Max Ernst, »Was ist Surrealismus?«, in: *Ausstellung: 11. Ok-*

Max Ernst das Werk des Schweizer Surrealisten seinerseits kannte, ist dagegen ungewiss. Mich interessiert im Zusammenhang mit den drei Schweizer Malern und deren Kunstwerkbegriff jedoch lediglich ein *bestimmtes* Gemälde von Max Ernst, nämlich *Junger Mann, beunruhigt durch den Flug einer nicht-euklidischen Fliege* (1942–1947), und am Rande auch *Der Surrealismus und die Malerei* (1942), ein Schlüsselwerk des Surrealismus. Werner Spies hat in einem vergnüglichen Aufsatz die Bedeutung dieses ausserordentlichen Gemäldes für das Werk des Künstlers selbst, vor allem aber auch für die technische Erneuerung der Nachkriegsmalerei dargelegt.[29] Der hohe Stellenwert des Surrealismus für den (amerikanischen) abstrakten Expressionismus ist bekannt und im Schaffen aller bedeutenden Künstler dieser Bewegung hinlänglich dokumentiert. Spies weist nicht nur darauf hin, dass Max Ernst in *Der Surrealismus und die Malerei* die neuartigen Malverfahren der nächsten Generation, in den vierziger Jahren vor allem das Malen unter Einbezug des ganzen Körpers, schon beschrieben hat, sondern sieht in ihm auch den Erfinder des Drippings. Auf dem besagten Gemälde wird die Malbewegung durch ein *schlangen*artiges Glied ausgeführt, der Maler als eine einzige Muskulatur aufgefasst. Max Ernst setzte die Tröpfeltechnik seit den frühen vierziger Jahren in New York als eine unter verschiedenen Methoden ein. 1942, so berichtet sein Biograph Spies, habe er Jackson Pollock die Technik erstmals erläutert: »In den japanischen Kunstschulen lernt man zuerst mit der Hand zeichnen, dann mit Hand und Unterarm, dann mit dem ganzen Arm bis zur Schulter, und so weiter. Man muss jahrelang üben, bis man den ganzen Körper richtig einzusetzen versteht. Auf der gleichen Idee basiert mein

---

tober bis 4. November 1934, Ausstellungskatalog, Kunsthaus Zürich, 1934, S. 3–7.

29 —— Werner Spies, »Die Sauce Robert und das Dripping: Eine Anekdote«, in: Udo Kittelmann / Dieter Scholz / Anke Daemgen (Hgg.), *Bilder Träume: Die Sammlung Ulla und Heiner Pietzsch*, Ausstellungskatalog, Neue Nationalgalerie Berlin, 2009, S. 51–54.

Verfahren.«[30] Dieses Verfahren bestand darin, dass Ernst mit Farbe gefüllte Konservendosen, die jeweils an drei Schnüren befestigt waren, über die am Boden oder auf einem Tisch liegende Leinwand bewegte. Die Farbe tropfte aus einem kleinen Loch im Dosenboden und hinterliess abhängig von der Konsistenz der Farbe, der Geschwindigkeit und Art der Bewegung sowie der Stellung der Unterlage entweder eine feine, dynamische Linie oder eine unregelmässig unterbrochene Tropfenspur. Das Gemälde *Junger Mann, beunruhigt durch den Flug einer nicht-euklidischen Fliege* ist unter Verwendung dieser Methode entstanden. Die Bildfläche ist durch spannungsvolle lineare Farbspuren gegliedert. Es handelt sich um die kartographierte Flugbahn der über die Leinwand bewegten Dose. Im Bildzentrum visualisierte Ernst durch Kolorierung und wenige zusätzlich gezogene Linien einen Kopf in »kubistischer« Manier. Werner Spies versteht die Tröpfeltechnik von Max Ernst, als deren Erfinder in der kunsthistorischen Literatur bekanntlich nicht der Europäer Ernst sondern der Amerikaner Pollock gilt, als eine unter den zahlreichen neuen Techniken des Surrealismus. Sie gehört zum Automatismus, mit dem die Surrealisten die künstlerische Arbeit von formalen und inhaltlichen Konventionen zu befreien beabsichtigten.[31] Der junge Mann, den Ernst im besagten Gemälde porträtierte und im Bildtitel aufführt, ist, so die Spekulation von Werner Spies, der junge Jackson Pollock.

Natürlich konnte das Ziel dieses kleinen Essays nicht sein, ausgehend von einem kaum bekannten Gemälde, *Schlangenzauber* (um 1930) von Max von Moos, zu Pollock zu gelangen, auch wenn es aufschlussreich und vielleicht sogar nötig ist, wieder einmal an die Bedeutung der surrrealistischen Methode für die Erneuerung der Kunst zu erinnern. Von wesentlicherer Bedeutung erscheint mir die Beobachtung, dass die Schlangenlinie von den hier beispielhaft dis-

---

30 —— Ebd.

31 —— Vgl. auch Werner Spies, *Max Ernst: Collagen – Inventar und Widerspruch*, Köln 1988.

kutierten Künstlern aus der Schweiz, die aus dem selben lokalen Mentalitätsraum stammen, sowohl als Form wie als Mittel der Darstellung verwendet wurde und in ihrem Schaffen, dem eine obsessive Dimension gemeinsam ist, offene, polyvalente Bilder ermöglichte von beeindruckender formaler Strenge und Schönheit.

Bray, 5. Juni 2010

Max von Moos
Ohne Titel, um 1930
Bleistift auf Papier, 29,7 × 27 cm
Privatbesitz

Max von Moos
Ohne Titel, um 1930
Bleistift auf Papier, 24 × 18,2 cm
Privatbesitz

Max von Moos
Schlangenzauber, um 1930
Tempera und Öl auf Karton, 80,5 × 54 cm
Privatbesitz

Max von Moos
Ohne Titel, um 1930
Tempera auf Papier, 21,2 × 14 cm
Privatbesitz

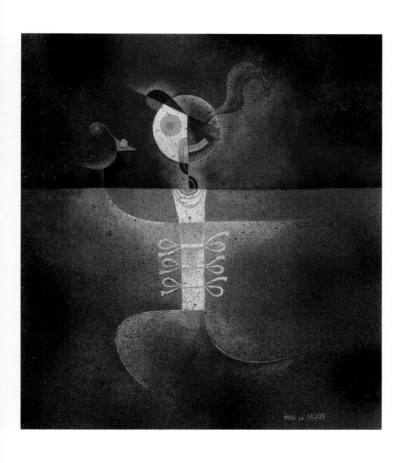

Max von Moos
Ohne Titel, um 1931
Tempera und Öl auf Karton, lackiert, 38,5 × 34 cm
Max von Moos-Stiftung, Luzern

Max von Moos
Ohne Titel, um 1931
Tempera auf Karton, 37 × 45 cm
Max von Moos-Stiftung, Luzern

Max von Moos
Die steinernen Blumen, 1934
Öl auf Karton, 70×49 cm
Privatbesitz

Max von Moos
Ohne Titel, 1935
Pinsel und Tusche auf Papier, 48,5 × 33,5 cm
Privatbesitz

Max von Moos
Ohne Titel, um 1935
Tusche und Tempera auf Papier, 48,7 × 33,6 cm
Max von Moos-Stiftung, Luzern

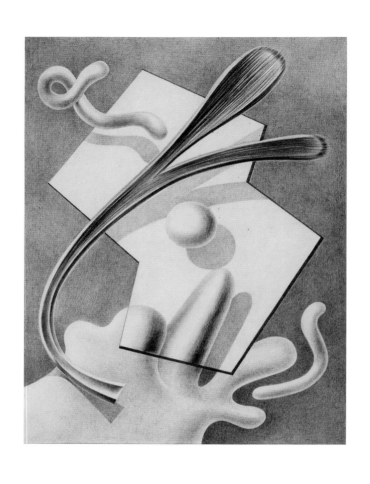

Max von Moos
Ohne Titel, 1935
Bleistift auf Papier, 32 × 24,2 cm
Privatbesitz

Max von Moos
Ohne Titel, 1935
Bleistift auf Papier, 25 × 33,5 cm
Privatbesitz

Max von Moos
Debatte, 1936
Bleistift auf Papier, 18,9 × 14 cm
Privatbesitz

Max von Moos
Versteinerte Tänzerinnen, um 1936
Tempera und Öl auf Karton, 70 × 53 cm
Kunstmuseum Luzern

Max von Moos
Ohne Titel, 1945
Tusche auf Papier, 59,5 × 42 cm
Privatbesitz

Max von Moos
Ohne Titel, 1954
Tusche auf Papier, 59,5 × 42 cm
Privatbesitz

Max von Moos
Ohne Titel, 1949
Tusche auf Papier, 30 × 21 cm
Privatbesitz

Max Ernst
Junger Mann, beunruhigt durch
den Flug einer nicht-euklidischen Fliege, 1942–1947
Öl und Lack auf Leinwand, 82 × 66 cm
Sammlung Ulla und Heiner Pietzsch, Berlin

André Thomkins
Ohne Titel (Schimäre), um 1958
Federzeichnung, Tusche auf Löschpapier, 29,7 × 21 cm
Nachlass André Thomkins
Kunstmuseum Liechtenstein, Vaduz

Max von Moos
Ohne Titel, 1964
Tusche auf Papier, 59,5 × 42 cm
Privatbesitz

Max von Moos
Ohne Titel (Selbstbildnis), 1962
Tusche auf Papier, 59,5 × 42 cm
Privatbesitz

André Thomkins
nose-noise, 1964
Federzeichnung, Tusche auf Papier, 21,1 × 21,1 cm
Nachlass André Thomkins
Kunstmuseum Liechtenstein, Vaduz

Max von Moos
Ohne Titel, um 1960
Tusche auf Papier, 42 × 59,5 cm
Privatbesitz

André Thomkins
Ohne Titel (Vögel, Schlange und Falter), 1953
Öl und Gouache auf Papier, 17,7 × 22,6 cm
Nachlass André Thomkins
Kunstmuseum Liechtenstein, Vaduz

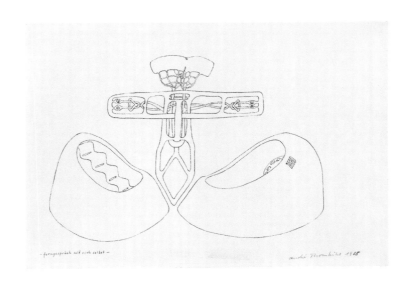

André Thomkins
ferngespräch mit sich selbst, 1966
Federzeichnung, Tusche auf Papier, 24,8 × 35 cm
Nachlass André Thomkins
Kunstmuseum Liechtenstein, Vaduz

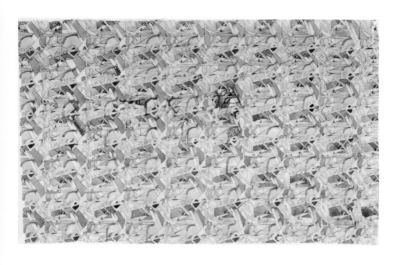

André Thomkins
Niederland, 1965
Aquarell auf Papier auf Holz, 21,5 × 33,1 cm
Nachlass André Thomkins
Kunstmuseum Liechtenstein, Vaduz

André Thomkins
Ein Arm für New Babylon, 1964
Federzeichnung, Tusche auf Papier, 17,5 × 25 cm
Nachlass André Thomkins
Kunstmuseum Liechtenstein, Vaduz

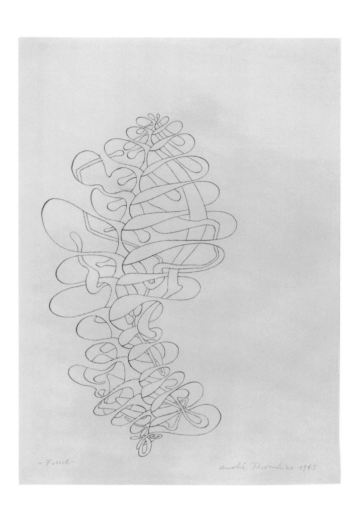

André Thomkins
Fossil, 1965
Federzeichnung, Tusche auf Papier, 35 × 24,3 cm
Nachlass André Thomkins
Kunstmuseum Liechtenstein, Vaduz

Aldo Walker
neunzehnhundertsiebzig, 1970
Ausstellungsansicht, Kunstmuseum Luzern
Retrospektive »Früher oder später«, 1989

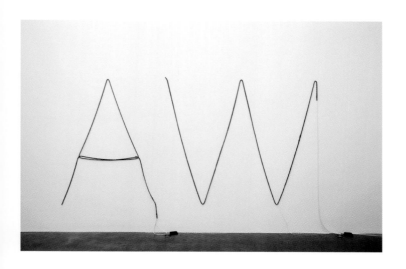

Aldo Walker
AW, 1970/2006
Wärmekabel, Regulierwiderstände, 1,80×4 m
Ausstellungsansicht, Kunstmuseum Luzern
Retrospektive »Kunst überfordern: Aldo Walker«, 2006

Max von Moos
Ohne Titel, 1964
Tusche auf Papier, 42 × 59,5 cm
Privatbesitz

Aldo Walker
Ohne Titel, 1985
Dispersion auf Leinwand, 160 × 160 cm
Kunstmuseum Liechtenstein, Vaduz

Aldo Walker
Rechts im Bild: Morphosyntaktisches Objekt
1999/2006, Ausführung als Wandmalerei
Ausstellungsansicht, Kunstmuseum Luzern
Retrospektive »Kunst überfordern: Aldo Walker«, 2006

Serpentine Lines

The painting *Schlangenzauber* (Snake magic, ca. 1930) is one of Max von Moos's significant early works. It shows an abstract female figure painted primarily in shades of blue and orange, in whose right hand, raised to eye level, winds a flickering snake reduced to a single line; its head corresponds in form to the figure's eye. Unredeemed, tragic human existence is the focus of Max von Moos's work, and the motif of the snake occurs repeatedly in it. The Hamburg-born art historian Aby Warburg (1866–1929) gave a lecture on snake rituals in 1923, just a few years before this painting was painted, at Ludwig Binswanger's Bellevue private clinic in Kreuzlingen. Warburg had been a patient at the sanatorium since 1921 and hoped this lecture to his fellow patients would demonstrate both to himself and to Binswanger as the chief physician that he was once again capable of scholarly work and could be discharged. In his slide presentation he referred to a journey from the distant past, in 1895, which had taken him to various Indian tribes in the southwestern United States. In his remarks on the snake rituals he had observed and documented in photographs, he explained that this reptile is a "symbol of two completely distinct values," not just among the indigenous peoples of North America but also in the Western tradition: "The two possibilities for which the snake symbolism stands, healing and destruction, were personified by Warburg in two complementary figures, the latter in the form of Laocoön and the former in that of Asclepius. Laocoön, the pagan priest, does not master the deadly force of the snakes and is destroyed. Asclepius, the 'most enlightened of the gods of antiquity,' and typologically already quite close to the god of redemption, knows how to supply the snake's poison as *pharmakon*, as medicine, to suffering humanity."[01] As a symbol of evil, the snake is found in

01 —— Ulrich Raulff, "Nachwort," in: Aby M. Warburg, *Schlangenri-*

Christian iconography both in depictions of paradise and since the Council of Trent (1545–1563) in depictions of the Mother of God stepping on the head of a snake.[02] This image of the Mother of God, the Immaculata (the Immaculate Mary), is part of the repertoire of the Counter-Reformation—and also one of my own earliest visual memories. As a child, I would see an Immaculata at the side altar of our village church, and even today I can recall that the female foot on the snake was the one thing about the painting that fascinated me. Around 1936, Max von Moos painted *Versteinerte Tänzerinnen* (Petrified dancers), a painting in which the snake also appears at the feet of female figures who have turned to stone.

The snake is interesting not only as a motif in Max von Moos's work but also as a line—one of his preferred means of representation, which I wish to discuss in detail here. Although we know from the artist's own account that nightmares of snakes plagued the artist all his life and that he associated the animal with anxieties and obsessions, I am less interested here in the aspect of an existential threat that the motif no doubt had for him than—perhaps more in Warburg's sense—in the redeemed form of the snake in the freely curving line that the artist employed with such mastery in his oeuvre. In the drawings in particular, we repeatedly encounter the contour line that outlines the large form. This interest in the controlled line to add a dynamic to the image is something the artist has in common with two younger colleagues from his milieu: André Thomkins and Aldo Walker. Thomkins studied with von Moos at the

tual: *Ein Reisebericht,* Berlin: Wagenbach, 1988, p. 83; on Aby Warburg's journey to America and Warburg as a photographer, see Benedetta Cestelli Guidi / Nicholas Mann (eds.), *Photographs at the Frontier: Aby Warburg in America, 1895–1896,* London: Merrell Holberton, 1998. On the new edition of Warburg's writings, see Aby Warburg, *Werke in einem Band,* ed. Martin Treml, Sigrid Weigel, and Perdita Ladwig, Berlin: Suhrkamp, 2010, pp. 495–600.

02 —— See Jutta Ströter-Bender, *Die Muttergottes: Das Marienbild in der christlichen Kunst; Symbolik und Spiritualität,* Köln: DuMont, 1992, esp. pp. 17 ff.

Kunstgewerbeschule Luzern from 1947 to 1949. Walker attended the latter's evening courses from 1958 to 1961 and produced his first paintings during that period. He first came into contact with modern painting and literature thanks to von Moos.

I MAX VON MOOS (1903–1979)

For Max von Moos, working in his studio was an analytical activity that was not limited to painting.[03] Its primary purpose was to produce paintings, but for him it was also a matter of exploration and experience of the self, including the study of the history of culture, religion, philosophy, and natural history and determined in no small measure contemporaneity and partisanship in a sociopolitical sense. For Max von Moos, painting was not so much a profession as a way of life.

Modernity under the Sign of Tradition

Appreciation for the craft and the trade were cultural premises that central Swiss artists of his generation sought to overcome. By contrast, von Moos—who was a friend of the Marxist art historian Konrad Farner in Lucerne, on whose recommendation he was introduced to Marxism in Lucerne by art theorist Max Raphael, who lived in Paris from 1932 onward—continued to design ecclesiastical vestments as late as the 1930s and 1940s, primarily for the parament workshops of the Benedictine monastery Maria-Rickenbach. In 1937, the year of his first solo exhibition at the Kunstmuseum Luzern, von Moos curated a large exhi-

03 —— On Max von Moos, see Roman Kurzmeyer, "Prinzip Zweifel: Zum 100. Geburtstag des Schweizer Malers Max von Moos," in: *Neue Zürcher Zeitung* 284 (December 6–7, 2003), p. 46, and Roman Kurzmeyer, *Max von Moos, 1903–1979: Atlas, Anatomie, Angst / Atlas, Anatomy, Angst – Joseph von Moos, Max von Moos, Elie Nadelman, Max Raphael,* Zürich: Edition Voldemeer / Wien New York: Springer, 2001.

bition of paraments at the Paulusheim in Lucerne and published on sacred art. During this period he was also active as a book designer for the Vita Nova publishing house in Lucerne. The publications of this house were intended to support the Christian resistance in German-speaking countries. Until 1938, Max von Moos designed numerous book covers, including in 1936 the cover of a volume published in Lucerne by Walter Benjamin under the pseudonym Detlef Holz: *Deutsche Menschen: Eine Folge von Briefen* (German people: A series of letters).

The artists of the first generation of the avant-garde always called the medium itself into question; Max von Moos's contribution to the revival of painting, by contrast, was to reinforce the image. In his father, Joseph von Moos (1859–1939), a Jugendstil artist who served for many years as the director for the Kunstgewerbeschule Luzern, he had a teacher who was a technically skilled artist, open stylistically to modern art, and whose paintings addressed such themes as compassion, love of one's neighbor, and trust in God. The people in his paintings always bore their fate with dignity and composure. Max von Moos was also interested in human fate, but he banned from his painting not only any metaphysical elevation but rather consciously heightened disfigurement, decay, and pain to the point of being unbearable. There is no conflict-free work in his oeuvre. His conception of truthfulness demanded—and in this sense it was related to Rodin's approach—a pictorial arrangement composed from fragments.[04]

The cultural, political, and aesthetic tension within which von Moos painted becomes clearer when we recall that he participated in the 1936 exhibition *Zeitprobleme in der Schweizer Malerei und Plastik* (Problems of time in Swiss painting and sculpture) at the Kunsthaus Zürich and in 1937, the year of the World's Fair in Paris, he became a member of the artists' association *Allianz: Vereinigung*

04 —— Bénédicte Garnier, *Rodin – Antiquity Is My Youth: A Sculptor's Collection,* Paris: Musée Rodin, 2002.

moderner Schweizer Künstler. The artists Walter Clénin, Heinrich Danioth, Carl Roesch, Maurice Barraud, Arnold Huggler, and Karl Geiser were sent to the World's Fair in Paris to represent Switzerland. In the Spanish Pavilion, the public was confronted with politically committed art: people crowded to see Picasso's epochal painting *Guernica* (1937). In the Swiss Pavilion, by contrast, they saw a mural by Clénin showing a burly alpine horn player surrounded by his family.[05] The other artists participating also presented works showing a completely anachronistic image of Switzerland as a "paradisiacal land of shepherds and farmers." Heinrich Danioth of the Canton of Uri painted a pastoral scene; Carl Roesch's mosaic mural depicted wrestlers; Barraud exhibited a painting of a female goatherd; and Arnold Huggler exhibited a bronze deer. Just a few years later, Europe would go up in flames; the war would set the continent back decades in its cultural and economic development. Max von Moos had not closed off his art from the theme of war and had sought dialogue with *international* art: he produced a series of paintings directly related to war, beginning with the Spanish Civil War. Von Moos did his best to support Max Raphael, a Jewish Marxist, who managed to immigrate to New York in 1941. He intervened with the authorities, maintained contact with Raphael even as he escaped through France, and supported him financially. The backdrop against which Max von Moos perceived horror, fear, and death was located—unlike that of the official Swiss painters—far beyond national borders.[06]

05 —— Hans-Jörg Heusser, "Der Surrealismus und die Schweiz der dreissiger Jahre," in: Rudolf Koella (ed.), *Neue Sachlichkeit und Surrealismus in der Schweiz, 1915–1940*, Bern: Benteli, s.a. [1979], pp. 79–90.
06 —— For more on the culture of leftist artist in Europe since the Spanish Civil War, see Otto Karl Werckmeister, *Das surrealistische Kriegsbild bei Max von Moos*, Zürich: Edition Voldemeer / Wien New York: Springer, 2005 (= Schriftenreihe der Max von Moos-Stiftung 1).

Painting in the Age of Conceptualism

Painting with remarkable technical mastery, von Moos rendered his anxiety about the world and the failure of the ability to perceive and express when faced with a disastrous reality. In his memoirs, the artist spoke of the "curse of being a painter in the twentieth century." The great majority of artists are specialists, skilled workers in the field of art with no universal task or responsibility. Even "a titan such as Picasso" is affected by this: "This mudslide is inexorable. My entire world of motifs lies within the mudslide zone. I try to paint carefully because I want to stop the mudslide. But the fact that I do not succeed is a constant source of anxiety, disquiet, botched life."[07] In addition to evoking the horrible, his paintings lead us into archaic strata of life or those untouched by civilization. Von Moos painted underwater paintings, burial chambers, petrification, and anatomies. His Surrealist painting turned to a view that could be addressed by the demonstrative play with form and its transformation and introduced it into the painting. Even pictorial solutions of extreme content revealed his faith in painting and his search for artistic beauty.

In the modern era, the artist's technical skill became less significant; in the twentieth century, the work of art was understood primarily as a conceptual achievement. The end of painting, which continues to be evoked frequently, was already an unalterable fact for Max von Moos. This end is by no means just a figure of speech; it can be described and localized. It coincides in time with the beginning of modernism. Von Moos was pursuing painting during the age of conceptualism. The modernity of his oeuvre does not lie in the concept of the *work* of art, which, as he knew, was that of a past culture, but in its themes. Today, painting is one of many available techniques; for Max von Moos it represented cultural memory. Painting was a

07 —— Max von Moos, quoted in Hans-Jörg Heusser, "Max von Moos – eine Biographie," in: Peter Thali (ed.), *Max von Moos,* Zürich: Ernst Scheidegger, 1974, p. 249.

language that could be learned and taught, that the artist could change and develop, but that always had its reference in history.

II   ANDRÉ THOMKINS (1930–1985)

André Thomkins, who also grew up in Lucerne, though his artistic career played out primarily in the Federal Republic of Germany, belonged, again like Max von Moos, in the category of well-read, art historically educated, and extremely productive artists of diverse interests. Although he died young, he left behind an immense oeuvre of small and even tiny works, only a fraction of which are known to the public and have been studied by scholars. Like Aldo Walker, Thomkins came into contact with the work of Marcel Duchamp early by way of Serge Stauffer, a friend in Zurich since his youth. Duchamp's humor and ironic distance from the art world presumably appealed to him, and he shared with him an interest in cryptic texts and playful references to Alfred Jarry's 'pataphysics but not his reservations about painting. Although both Thomkins and Duchamp were artists whose work has to be *read* as well, there are works in Thomkins's oeuvre, such as the *Lackskins*, that are particularly successful with the public because they appeal exclusively to the sense of sight. To produce them, the artist poured enamel paints into water, observing and influencing the flow of the water floating on the surface and then transferring the image to a sheet of paper by carefully placing it on the layer of enamel paint, which would then cling to it.

Surrealist Orientation

In 1969, on the occasion of the exhibition *Freunde–Friends–d'Fründe: Karl Gerstner, Diter Rot, Daniel Spoerri, André Thomkins und ihre Freunde und Freundesfreunde* at the Kunsthalle Bern and Kunsthalle Düsseldorf, Serge Stauffer posed "100 questions for andré thomkins," including which artistic movement of the twentieth century he considered to be the most important one. Thomkins's response is not really surprising in our context, but it should be quoted in detail for its precise justification: "surrealism, because its position is more intellectually than aesthetically determined and because it was capable of making extremely individual potential socially effective."[08] Asked about his "favorite painters? authors? musicians?" he mentioned the historical figures Bosch, Leonardo, and Bach as well as Duchamp, Roussel, and Thelonious Monk among the "modern" artists. But he also mentioned "language." Thomkins's affinity to the word and to wordplay (anagrams) is expressed brilliantly and amusingly by his works. In the same interview, he said he questioned the forms of words and images in accordance with their semantic latitude; he said he associated quality with the concept of the "permanent scene." The work titled *Permanentszene* from 1956 is a signed but otherwise unaltered illustration from an advertisement for life insurance published in 1928. It depicts four people—three adults and a child—together in a room pointedly doing exercises to improve their posture. "Something is in the scene is left up in the air and hence is ambiguous," wrote Simonetta Noseda in the entry on *Permanentszene* in her "Thomkins-Glossar." The situation is removed from its true context and its multiple meanings give it "an atemporal permanence."[09] Thomkins himself spoke of a "visual riddle."

08 —— André Thomkins, quoted in "100 fragen an andré thomkins," in: Hans-Jörg Heusser / Michael Baumgartner / Simonetta Noseda (eds.), *André Thomkins (1930–1985): Umwege, Denkmuster, Leitfäden*, Köln: DuMont, 1999, p. 441.
09 —— Simonetta Noseda, "Thomkins-Glossar," in: *André Thomkins* (see note 08), p. 406.

Labyrinth and Rhizome

Thomkins's preferred means of expression were the pencil and pen. He sketched, wrote, and painted watercolors. He is an artist of small formats and at the same time a creator of complex spaces, true universes. Again and again he worked with the labyrinth. Serge Stauffer had drawn his attention to the book *Die Welt als Labyrinth: Manier und Manie in der europäischen Kunst* (The world as labyrinth: Manner and mania in European art) (1957) by the art historian Gustav René Hocke, a standard work on Mannerism, the year it was published. Hocke never wrote about Thomkins, but in a brief text in 1971 he interpreted a group of drawings that Thomkin's teacher Max von Moos had done in Rome in 1969 as "stenographs about antiquity and modernity."[10] Max von Moos was fascinated by Mannerism because it benefited autonomous, invented, and elaborated form and did not limit art to its function of reproducing reality. The art theory of Federico Zuccari (1542–1609) discussed by Hocke, and especially the visual category of "disegno fantastico-artificiale"—which Hocke characterized as true Mannerism—based on a "disegno interno" by the artist, which Zuccari also called the "concetto," offered, according to Hans-Jörg Heusser, a set of critical instruments that seemed appropriate not only to reflect on seventeenth-century art but also to engage with the work of André Thomkins.[11] In light of this reading, and Thomkins's connection to Max von Moos, it is scarcely surprising that, unlike such friends as Dieter Roth, Nam June Paik, and Daniel Spoerri, Thomkins was never seriously interested in expanding the concept of the work of art. He did contribute to the *Labyr* project, a collaboration with architects, musicians, and artists, including the Dutchman Constant, who was already

10 —— Gustav René Hocke, "Surreale Veduten: Aus dem Werk des wenig bekannten Schweizers Max von Moos," in: *Artis* 9 (September 1971), pp. 24–26.
11 —— Hans-Jörg Heusser, "'er dachte sich zum Docht': Grundriss einer Thomkins-Topographie," in: *Thomkins* (see note 08), pp. 12–13.

work on his fantastic New Babylon project, and the film director Carlheinz Caspari. But *Labyr* was an architectural, urbanistic project, intended to establish new ways to design space and to live together creatively; it took only marginal notice of the debate over the expansion of the concept of the work of art. The name, a shortened form of the neologism "labyratorium," was suggested by Thomkins.[12] In the same decade when American artists like Michael Heizer or Robert Smithson were creating Land Art in the western United States, planning and building inaccessible subterranean spaces and when Walter De Maria created a circular system of paths in the infinite expanse of the prairie, Thomkins was using small pieces of paper to draw labyrinthine structures in fantastic landscapes that only superficially recall ideas for actual architecture. They are, rather, spaces for the eye. Although Thomkins participated actively in discussions of new places for and forms of living together and was fascinated by the inventions of Buckminster Fuller, there is no doubt that his small drawings of intertwined, knotted, precisely sketched lines are not plans but the realization of "disegno interno": independent, autonomous configurations.[13] His watercolors and drawings, such as the aforementioned utopian landscapes of the early 1970s, with their fictive architecture and systems of hidden corridors, turn away from the viewer's imagination and present it with great challenges. The concisely transitioning rooms become evident only with patient inspection. Doing justice to seeing the drawings on their small sheets, even just grasping them and allowing the eye to wander within them, in order to appreciate at all their immense breadth and different moods and situations, is no longer a matter of course or simple as it might seem, in an era in which the viewer is no longer conditioned, even by

12 —— Simonetta Noseda, "Thomkins-Glossar," in: *Thomkins* (see note 08), pp. 390–391.
13 —— For more details on this, see Michael Baumgartner, "André Thomkins: Imaginärer Raum, utopische und phantastische Architektur," in: *Thomkins* (see note 08), pp. 58–59.

contemporary art, to perceive real space only visually but rather also physically, medially, and conceptually. Thomkins's understanding of art has anachronistic features in its faith in the eye, but therein also lie the strength and uniqueness of his work.

The art historian Michael Baumgartner associated Thomkins's drawings with the natural phenomenon of the rhizome and reminded us that this netlike tangle could also, in the view of the French philosophers Deleuze/Guattari, be considered a labyrinth: "Its structure is not organized hierarchically or genealogically—every point can be connected with any other point. There are no fixed positions, just lines. The path through the network or rhizome can be freely chosen at any time and never leads to the goal. The rhizome has its own outside, with which it forms another rhizome in turn; hence it has neither an outside nor an inside."[14] Baumgartner illustrates his line of thinking using the example of Thomkins's pen drawing *labyr des éléphants* (1961), a miniature measuring 15 × 13 cm, on which about a dozen elephants arranged in a circle tie their trunks together in such a way that the tangle takes on the form of a complex, multidimensional network and thus becomes the image of a flower.[15] It is not far from there to the infinite repeats of his watercolors from the 1960s, which not only look woven but also depict actual fabrics by means of drawing. They are weaves in whose ornamentally repeated patterns a woven figure, such as an eye or a staircase, can suddenly appear, promising to offer the viewer orientation. They draw the scenery out of the plane of the drawing and into the space of the imagination. There is it again: the serpentine line, as a thread in the woven image (subject) and as a form (object) that can not only form space or refer to it but also itself embody space.

In contrast to Aldo Walker, who, as we will see, also grasped the image as a symptom of polyvalence, multidi-

14 —— Ibid., p. 79.
15 —— Ibid.

mensionality, and potentiality and tenaciously worked to evoke for the viewer multiple figures using only purely linear, one-dimensional images based on the contour line, Thomkins was not interested in the reduction of the image to a symbol of ambiguous content but only in multiplying and interweaving the line and in the spatial illusions thus made possible.

III   ALDO WALKER (1938–2000)

Aldo Walker came to art as an autodidact. He already showed an interest in conceptual art in the early 1960s. In 1969 he participated in the exhibition *Operationen: Realisation von Ideen, Programmen und Konzeptionen im Raum, Environment, Objekt, Licht, Film, Kinetik, Bild, Ton, Spielaktion* (Operations: Realizing ideas, programs, and concepts in space, environments, objects, light, film, kinetics, images, sound, and actions) at the Museum Fridericianum in Kassel and in Harald Szeemann's *When Attitudes Become Form* at the Kunsthalle Bern. The previous year, after visiting the joint exhibition of Max von Moos and Otto Tschumi at the Kunstmuseum Winterthur, he wrote von Moos: "You know, I am very enthusiastic about the latest developments in the visual arts, the kinetic, minimalist, and Pop artists, like Tinguely, Bury, Stella, Albers, Indiana, Dine, the Englishmen Hamilton and Kitaj, but the exhibition in Winterthur was one of the best I have seen in recent years."[16]

Conceptual Art Informel

Aldo Walker's development as an artist cannot be traced back to its beginnings, since he preserved only a few works.[17] His earliest surviving works, his *Schweissbren-*

---

16 —— SIK-ISEA, Zürich, Max von Moos Papers: Aldo Walker to Max von Moos, Luzern, November 5, 1968.

17 —— On this section, see also Roman Kurzmeyer, *Kunst überfordern:*

nerbilder (Welding torch paintings), are also his earliest known works. They were produced around 1963 and already reveal an artist interested in the concept and the object. From 1958 to 1961, Walker had attended von Moos's evening courses at the Kunstgewerbeschule Luzern, where he first came into contact with questions of modernity. At the time Max von Moos was working on Tachism, which he had encountered at the Kunsthalle Bern in 1955. Walker's artistic development began with paintings he rejected and left undocumented. In his words, they were "painting in an experimental painting technique as an effort to revive the anecdote by means of nonobjective formal inventions (symbols) intended to be generally understandable but not based on abstracted scraps of objects."[18] In this description of his work, written in 1965, the chronology of his artistic development in 1960 contains the expression "dynamic painting." Nothing survives that would indicate what we should imagine that to mean. With the *Schweissbrennerbilder* he produced three years later, Walker turned from painting and the conventional easel painting in order to focus on processual works and installations. They resulted from an iconoclastic method in which Walker used a welding torch to disfigure the surfaces of his own nonobjective paintings on wood panels. Then he polished the surface of the paintings and painted white over the patches that had burned away. It could be called conceptual Informel: conceptual in the sense that the gestural dimension of the newly created painting is canceled out by the overpainting.

When Walker returned to the easel painting again twenty years later, he no longer did so as a painter. His research now revolved around the question of what a painting is. Over a ten-year period, he produced easel paintings without painting, working with lines on canvas with a monochromatic ground but without drawing. The figure can be

Aldo Walker (1938–2000) – Geschichte und Lektüre seiner Kunst, Zürich: Edition Fink, 2006.
18 —— SIK-ISEA, Zürich: Documents on Aldo Walker in the artist's archive, February 23, 1965.

painted in white on a black-spray-painted background or vice versa as lines of black paint on white. Over the course of the 1980s, he produced the occasional work in color, especially in 1984–85 during a stay in the Swiss Studio at PS1 in New York, in which both the contour of the figures and the pictorial field could be in color. He showed these works in color, in which a figure in black contour lines appears as a white silhouette, at the Galerie Rivolta in Lausanne in 1985. The image does not emerge in the process of painting but is prepared as a drawing with a pencil or felt-tip pen on tracing paper and practiced so that he can merely execute the painting with a brush in a much larger version. They are polyvalent iconic solutions that require a comparably minimal effort of painting.

Line Paintings

This phase of his oeuvre begins with his *Basler Alphabet* and the Mannheim works (1982), some of which were collaborations with his friend Rolf Winnewisser. In contrast to the later paintings, the first of these line paintings—for example, *Herr Ober, wir verändern die Welt* (Waiter, we are changing the world) (1982) and *Vater und Sohn* (Father and son) (1982)—bring clear systems of reference into play and, on a metadiscursive level, are narrative works. They are based on the artistic principle of repeating figurative elements while working with difference. The title of a painting such as *Vater und Sohn* suggests it raises the question of similarity and difference; in fact, however, it is an identical repetition of the figure, so its real theme is the series.

Aldo Walker was attempting to leave figuration behind, although he was not interested in abstract painting much less nonobjective painting. On the contrary, he was searching for a way to grasp the painting as a thing of its own that does not depict anything but, like every living thing, is at once object and subject. The approach of seeing the painting as a symptom of polyvalence, multidimensionality, and potentiality changes its status. The center of the artistic process is neither construction nor synthesis, even though in technical terms the work results from a constructive artistic process, but rather accumulating and making visible multiple and simultaneous phenomena.

In the late 1960s, Walter became known to the public for conceptual works. The majority of the known plans and concepts were produced between 1965 and the year when he participated in the exhibition *Visualisierte Denkprozesse* (Visualized thought processes) at the Kunstmuseum Luzern in 1970. The line had a certain importance in the distinctive style of Walker's work from the outset. In 1970 he produced a series of works that could be called writings or, to borrow a phrase from the artist, "writing-oriented objects." The overwhelming majority of them are installations, spatial realizations of handwritten dates or signatures. *neunzehnhundertsiebzig* (1970) is one such work. A hose is mounted on the wall in such a way that it spells out the date of the title. One end is attached to a faucet; the other leads into a shaft. The work is subtitled: "A watercourse tracing the year of its creation." Other famous works include the initials AW formed by a heating element, the word *neunzehnhundertsiebzig* spelled out in sawdust, and the date painting *Luzern 2 feb 70* in bent copper pipe—all from 1970. The copper pipe is attached to a refrigeration unit and is adjusted to the outside air temperature in Lucerne on February 2 of that year. Walker heated his initials formed in copper wire to his own body temperature.

In a short essay on the significance of drawing titled "Die Unüberschreitbarkeit der Schlangenlinie" (The inviolability of the serpentine line," the art historian Horst Bredekamp alludes to Paul Klee's "variations on the serpentine line" in his *Pädagogisches Skizzenbuch* (translated as *Pedagogical Sketchbook*) of 1925. Klee wrote of the horizontal S-shaped line: "An active line on a walk, moving freely, without goal. A walk for a walk's sake. The mobility agent is a point, shifting its position forward."[19] The serpentine line

19 —— Paul Klee, *Pedagogical Sketchbook,* introd. and trans. Sibyl

is thus grasped as an elastic point, which can either represent both the initial formation or complete the transition into nothing. Bredekamp sees the importance of drawing as a "medium and symbol of the innovative core of all intellectual activity" as based in the assessment of this linear form: "The significance of the line as the primal element of all movements in nature and art has not been uncontested, and there have been repeated efforts, especially in Impressionism, to dissolve the contour into the atmospheric effect of zones of space and misty light. But they lack the double character of the line, of being extremely precise in its reduction to the moving point and yet permitting any freedom."[20] For Bredekamp, the line thus embodies an intellectual process that, he suspects, can be found in any era and in any medium. Walker recognized the visual and yet written nature of the line. Whereas the writing-oriented objects of the 1970s formulated this double nature as a tautology, the paintings of the 1980s reveal the incommensurability of line and sign because Walker uses fragmented contours and signs and thus once again establishes the line's right as pure event.

The Painting as Origin

"A work of art does not communicate much," writes the Hungarian philosopher Michael Polanyi: "its primary goal is to provoke our participation in its expression."[21] This observation can be directly related to the way Aldo Walker's paintings of the 1980s address the viewer. In Polanyi's view, "works of art in general are formed by integrating two in-

Moholy-Nagy, London: Faber and Faber, 1968, p. 16; orig. published as *Pädagogisches Skizzenbuch*, München: A. Langen, 1925 (= Bauhausbücher 2), p. 6.

20 —— Horst Bredekamp, "Die Unüberschreitbarkeit der Schlangenlinie," in: *minimal—concept: Zeichenhafte Sprache im Raum,* Dresden: Verlag der Kunst, 2001, pp. 205–208.

21 —— Michael Polanyi, "Was ist ein Bild?" in: Gottfried Boehm (ed.), *Was ist ein Bild?,* München: Fink, 1994, pp. 148–162.

compatible elements, one of which is an attempted communication and the other is an artistic structure that contradicts the communication. The harmonious connection into which these two elements enter has qualities that are not found in nature or in human life, and for that reason the work of art cannot communicate real facts." The author recalls in this context Maurice Denis's declaration that a painting is "essentially a surface that is covered with paint in a certain arrangement." The "object" and "framework" of a work of art that are, to take up Michael Polanyi's argument again, "strictly incompatible."[22] It is this relationship that is crucial for experiencing Aldo Walker's oeuvre as well. Polanyi speaks of a "transnatural realm" that is inherent in art: "That does not mean that the effect of representational art lies completely outside our relationship to nature or to human practice. Works of art can contain certain facts, and they can seem persuasive or misleading. Art can even consciously express ideas, and they can be true or false. But the truth of its ideas is not what makes the true work of art, no more than their possible falseness—even when it is offensive—would devalue their embodiment in a work of art."[23] Art's power lies in its ability to depict objects familiar from experience in a form that "transcends all natural experience."[24]

What are the elements of métier and practice in Aldo Walker's work? First, we should recall that until 1979 Walker worked as an electrician in a one-man company. During this period he had neither his own studio nor a warehouse. His conceptual works were created at night in the living room of his rented apartment. He preserved the drawings. The installations he realized based on those plans were destroyed by him after the end of the exhibition. The work produced during this period, which earned him a reputation beyond his immediate homeland, had a

22 —— Ibid., p. 158.
23 —— Ibid.
24 —— Ibid., p. 160.

tiny space set aside for it alongside the reviews of the exhibitions and his correspondence. The catalogs were in the bookshelves in the living room, where the family would spend the evening, and where the artist would read at the table—for example, Umberto Eco's *Das offene Kunstwerk* (translated into English as *The Open Work*)—and work on his art well into the night. After he closed his business, he began to use his workshop as a studio. Now he began to paint large-format works. Walker was not an artist who lived and worked in the presence of his works. He stored his works at the gallery of a friend, Pablo Stähli. Although there was a small market for his work, their sales were modest even after he exhibited at the Venice Biennale and his retrospective in Aarau, both in 1986. Walker came to art as an autodidact, and he was a tradesman. The felt-tip-pen drawings of the 1960s reflect an analogous pragmatism. They are quick sketches that exclusively serve the idea. There are no fair copies of his concepts and no certificates. The individual concept is not an—in Eco's words— "aesthetic fact" but rather a sketch of the sort an electrician would make at a construction site to explain to the other workers how he imagines the assigned task can be solved technically. It is a plan with the information necessary for it to be realized. His installations from the early 1970s almost carry the whiff of the trades within themselves. They are workshop products with all the traces of having been produced by the crafts. Not only do they allude to the practice of an electrician with their material appearance and technical execution—the various works with refrigeration units, for example—but their themes also connect to his work of many years. They are closed systems, spreading out energy fields, connecting spaces, indicating directions, and visualizing invisible energies. The installation functions like a transformer. When he took up painting again—or, more precisely, when he returned to the image in the metapainting work of the 1980s—it initiated a process of the constant perfecting of craft skill. It is not without irony that this artist, who was one of the first advocates of conceptual art in Switzerland and whose work has always been suspected of a theoretical bent because of the story of its origins, the figures constructed from simple and serenely flowing contour lines without technical aids, painted accurately by hand using only the brush. The depictions he calls deformations feature figures sketched with a profound sensitivity to form and painted with extreme care. "They are images of that which we do not yet know," wrote Max Wechsler in 1986, "but which already seem familiar enough that that we occupy them and try to banish them by naming them. The mutilations of the image of the world and the human being that these images are said to have prove to be mutilations of our perception, which general equates form with content."[25] On the level of depiction, Walker does indeed lead the viewer into a "transnatural realm" but at the same takes up the perplexity deliberately produced in the viewer by proving on an artistic level his technical mastery in the same image and the same figure and demonstrating his sensitivity to beauty and harmony by the application of paint. Walker trusted the background of his experience but not the image. That is by no means an expression of a negative concept of the image. On the contrary. Borrowing a phrase from Walter Benjamin, the art historian Georges Didi-Huberman has called an ambiguous, relational image that puts the view in a state of certainty a "critical image."[26] A critical image is one that always only almost produces the semantic relationships it suggests. According to Didi-Huberman, a genuine image always turns out to be a critical one: "an image in crisis, an image that criticizes the image—thus capable of an effect, of a theoretical efficacy—and thus an image that criticizes our way of seeing it where, looking at it, it obliges us to really look at it."[27] It

25 —— Max Wechsler, "Aldo Walkers Bilder möglicher Wirklichkeiten: Retrospektive des Luzerner Künstlers im Aargauer Kunsthaus in Aarau," in: *Vaterland* 239 (October 15, 1986), p. 11.
26 —— Georges Didi-Huberman, *Ce que nous voyons, ce qui nous regarde,* Paris: Éditions de Minuit, 1992, p. 128.
27 —— Ibid.

is the truly paradoxical attempt to formulate the origin of
the painting as a painting.

IV   MAX ERNST (1891–1976)

Chronologically, Max Ernst does not belong at the end
of this essay, but unlike the case of the younger artists André Thomkins and Aldo Walker—both of whom
knew Max von Moos, "studied" with him, shared his interest in mannerism, and came from the same intellectual sphere—the history of Max Ernst's influence plays no
role in our context. It is known that Max von Moos was familiar with Max Ernst's visual world, since in 1934, just
before he turned to Surrealism himself, he attended the exhibition at the Kunsthaus Zürich with Hans Arp, Max Ernst,
Alberto Giacometti, Julio Gonzalez, and Joan Miró at the
Kunsthaus Zürich, in which Max Ernst was represented by
more than fifty works. Ernst also wrote the foreword to the
exhibition catalog.[28] It is not known whether Max Ernst was
familiar with the work of the Swiss surrealists. In the context of these three Swiss painters and their concept of the
work of art, however, I am merely interested in a *particular*
painting by Max Ernst, namely, *Junger Mann, beunruhigt
durch den Flug einer nicht-euklidischen Fliege* (Young man
intrigued by the flight of a non-Euclidean fly, 1942–47), and
in passing also by *Der Surrealismus und die Malerei* (Surrealism and painting, 1942), a key work of surrealism. In an
enjoyable essay, Werner Spies explained the significance
of the latter extraordinary painting for the artist's oeuvre
but above all for the technical innovation of postwar painting.[29] The high standing surrealism had for the (American)

28 —— Max Ernst, "Was ist Surrealismus?" in: *Ausstellung: 11. Oktober bis 4. November 1934*, exh. cat., Kunsthaus Zürich, 1934, pp. 3–7.
29 —— Werner Spies, "Die Sauce Robert und das Dripping: Eine Anekdote," in: Udo Kittelmann / Dieter Scholz / Anke Daemgen (eds.), *Bilder
Träume: Die Sammlung Ulla und Heiner Pietzsch*, exh. cat., Neue Nationalgalerie Berlin, München: Prestel, 2009, pp. 51–54.

abstract expressionists is well known, and has been ade-
quately documented for the work of all the important artists of that movement. Spies not only pointed out that in
Der Surrealismus und die Malerei Max Ernst described the
new painting technique of the generation to come in the
1940s, above all painting using the entire body, but also
saw Ernst as the inventor of drip painting. On the painting
in question, the motion of painting is executed by a *snake*-
like limb—the painter conceived as all muscle. Max Ernst
had been using his drip technique since the early 1940s in
New York as one method among others. In 1942, according to his biographer Spies, Ernst first explained the technique to Jackson Pollock: "In the Japanese art schools, one
first learns to draw with the hand, then with the hand and
the lower arm, then with the entire arm up to the shoulder,
and so on. One has to practice for years before one knows
how to employ the entire body properly. My method is based
on the same idea."[30] This method consisted of Ernst moving tin cans filled with paint and attached to three strings
over the canvas which was lying on the floor or on a table.
The paint dripped from a small hole in the bottom of the
can and left behind, depending on the consistency of the
paint, the speed and nature of the movement, and the position of the canvas, either a delicate, dynamic line or an
irregularly interrupted trail of drops. The painting *Junger Mann, beunruhigt durch den Flug einer nicht-euklidischen Fliege* was produced using this technique. The surface of the painting is articulated by linear trails of paint
that are filled with tension. It is a mapped flight path of
the can moving over the canvas. In the center of the painting, Ernst illustrated, by means of color and a few added
sketched lines, a head in the "cubist" manner. Werner Spies
considers Max Ernst's drip technique, whose invention is
famously attributed in the art historical literature not to
the European Ernst but to the American Pollock, to be one
of the numerous new techniques developed by surrealism.

30 —— Ibid.

It was one form of the automatism with which the surrealists sought to liberate art from conventions of form and content.[31] The young man whom Ernst portrayed in the painting in question and mentions in the title is, Werner Spies speculates, the young Jackson Pollock.

The purpose of the present small essay cannot, of course, have been to move from a little-known painting by Max von Moos, *Schlangenzauber* (ca. 1930), to Pollock, even though it would be revealing and perhaps even necessary to recall once again the importance of the surrealist method for the innovation of twentieth-century art. It seems much more essential to me to observe that the serpentine line was used by the three artists from Switzerland discussed as examples here, all of whom come from the same intellectual environment, not only as form but also as means of representation and that in their respective oeuvres, all of which share an obsessive dimension, it produced open, polyvalent paintings of impressive formal rigor and beauty.

Bray, June 5, 2010

Translated by Steven Lindberg

---

31 —— See also Werner Spies, *Max Ernst: Collages – The Invention of the Surrealist Universe*, trans. John William Gabriel, London: Thames and Hudson, 1991; orig. pub. as *Max Ernst: Collagen – Inventar und Widerspruch*, exh. cat., Kunsthalle Tübingen (Köln: DuMont, 1988).

Dank

Im vorliegenden Text beziehe ich mich auf Beobachtungen, die schon in meinen Monografien über Max von Moos (2001) und Aldo Walker (2006) am Rande diskutiert wurden. Sie betreffen die Verwendung der geschwungenen Linie durch die beiden Luzerner Künstler und ihr Interesse am Manierismus. Man kann von einem linearen Stil sprechen, mit einer besonderen Neigung zur Schlangenlinie als Form und Darstellungsmittel. In die Untersuchung mit einbezogen sind sodann mit André Thomkins ein weiterer Künstler, der in seiner Jugend mit dem Schaffen von Max von Moos in Berührung kam, sowie mit Max Ernst der international vermutlich prägendste surrealistische Maler.

Ich danke dem Stiftungsrat der Max von Moos-Stiftung, der die Publikation dieses Textes in der Schriftenreihe der Stiftung ermöglichte. Peter Thali, Nachlassverwalter von Max von Moos, danke ich für die Bildbeschaffung. In diesen Dank mit eingeschlossen ist auch das Kunstmuseum Luzern, das sich für die Vermittlung der Werke von Max von Moos und Aldo Walker schon zu Lebzeiten der beiden Künstler eingesetzt hat. Die Werke von Aldo Walker wurden mit dem Einverständnis von Mathilde Walker abgebildet. Das reproduzierte Gemälde von Max Ernst stammt aus der Sammlung von Ulla und Heiner Pietzsch in Berlin. Ich danke für die freundliche Erlaubnis, *Junger Mann, beunruhigt durch den Flug einer nicht-euklidischen Fliege* (1942–1947) von Max Ernst in der vorliegenden Publikation zu reproduzieren. Die Werke von André Thomkins stammen aus dem Nachlass des Künstlers, der im Kunstmuseum Liechtenstein in Vaduz aufbewahrt wird. Für die Reproduktionserlaubnis danke ich dem Museum und seinem Direktor, Dr. Friedemann Malsch, und insbesondere Dagmar Streckel, die den Nachlass von André Thomkins in Vaduz betreut. — R.K.

Acknowledgments

In the present text I allude to observations I made in passing previously in my monographs on Max von Moos (2001) and Aldo Walker (2006). They concern the use of the curved line by these two artists from Lucerne and their shared interest in mannerism. One could speak of a linear style with a particular inclination to the serpentine line as both form and means of depiction. I introduced into that study another artist, André Thomkins, who as a young man came into contact with the work of Max von Moos, as well as Max Ernst, who was probably the most influential internationally of the surrealist painters.

I wish to thank the board of the Max von Moos-Stiftung for making it possible to publish this text in the foundation's series. To Peter Thali, the administrator of Max von Moos's estate, I express my thanks for obtaining the images. I include in that thanks the Kunstmuseum Luzern, which contributed to the dissemination of the works of Max von Moos and Aldo Walker during the artists' lifetimes. The works by Aldo Walker were published with the permission of Mathilde Walker. The paintings by Max Ernst reproduced here belong to the collection of Ulla and Heiner Pietzsch in Berlin. I am grateful to them for permission to reproduce *Young Man Intrigued by the Flight of a Non-Euclidean Fly* (1942–47) by Max Ernst in the present publication. The works by André Thomkins are from the artist's estate, which is held by the Kunstmuseum Liechtenstein in Vaduz. For permission to reproduce them, I am grateful to the museum and its director, Dr. Friedemann Malsch, and especially Dagmar Streckel, who is responsible for André Thomkins's estate in Vaduz. — R.K.

Fotonachweis / Credits

gebildeten Werke von Aldo Walker Copyright © Nachlass Aldo Walker, Luzern. Für das abgebildete Werk von Max Ernst Copyright © VG Bild-Kunst, Bonn, und Sammlung Ulla und Heiner Pietzsch, Berlin. — Photographie: Robert Baumann, Luzern, S. 60; Louis Brem, Luzern, S. 45; Jean-Pierre Kuhn, Zürich, S. 35, 37, 39; Jochen Littkemann, Berlin, S. 49; Heinz Preute, Vaduz, S. 50, 53, 55, 56, 57, 58, 59; Andri Stadler, Luzern, S. 33, 34, 36, 38, 40, 41, 42, 43, 44, 46, 47, 48, 51, 52, 54, 61, 62, 63, 64.

Zum Autor

Roman Kurzmeyer, 1961 geboren, studierte Geschichte, Germanistik und Kunstgeschichte an der Universität Basel. Er lehrt Kunsttheorie und Ausstellungsgeschichte an der Hochschule für Gestaltung und Kunst in Basel und ist Kurator der Sammlung Ricola. 2001 legte er mit *Max von Moos (1903–1979): Atlas, Anatomie, Angst / Atlas, Anatomy, Angst – Joseph von Moos, Max von Moos, Elie Nadelman, Max Raphael* eine Monografie zur Retrospektive des Schweizer Surrealisten im Kunstmuseum Luzern vor. Er ist Mitherausgeber des Katalogs aller von Harald Szeemann (1933–2005) organisierten Ausstellungen und kuratierte 2007 aus Anlass der Publikation dieses Werkkatalogs eine Ausstellung in der Kunsthalle Basel. Zuletzt erschienen sind die Monografie *Kunst überfordern: Aldo Walker (1938–2000)* und der zusammen mit Roger Perret herausgegebene Band *Dunkelschwestern* mit Bildern und literarischen Texten von Annemarie von Matt (1905–1967) und Sonja Sekula (1918–1963). 2009 war im Helmhaus Zürich die Ausstellung *Boden und Wand / Wand und Fenster / Zeit* mit Polly Apfelbaum, Katharina Grosse, Bruno Jakob, Adrian Schiess, Christine Streuli, Niele Toroni und Duane Zaloudek zu sehen. Seit 1999 kuratiert er Ausstellungen und Projekte mit zeitgenössischen Künstlerinnen und Künstlern in der Schweizer Berggemeinde Amden (www.xcult.org/amden). 2004 wurde Roman Kurzmeyer mit dem Prix Meret Oppenheim ausgezeichnet.

About the Author

Roman Kurzmeyer, born in 1961, studied history, German, and art history at the Universität Basel. He teaches art theory and the history of exhibition at the Hochschule für Gestaltung und Kunst in Basel and is curator of the Ricola Collection. In 2001, he presented *Max von Moos (1903–1979): Atlas, Anatomie, Angst / Atlas, Anatomy, Angst – Joseph von Moos, Max von Moos, Elie Nadelman, Max Raphael,* a monographic retrospective of the Swiss Surrealist, at the Kunstmuseum Luzern. He is coeditor of the catalogue raisonné of all the exhibitions organized by Harald Szeemann (1933–2005) and in 2007, on the occasion of the publication of that catalog, he curated an exhibition at the Kunsthalle Basel. His most recent publications are the monograph *Kunst überfordern: Aldo Walker (1938–2000)* and a volume coedited with Roger Perret: *Dunkelschwestern,* with paintings and literary texts by Annemarie von Matt (1905–1967) and Sonja Sekula (1918–1963). In 2009 the Helmhaus Zürich showed *Boden und Wand / Wand und Fenster / Zeit,* with Polly Apfelbaum, Katharina Grosse, Bruno Jakob, Adrian Schiess, Christine Streuli, Niele Toroni, and Duane Zaloudek. Since 1999 he has curated exhibitions of and projects with contemporary artists in Amden, a community in the Swiss mountains (www.xcult.org/amden). In 2004 Roman Kurzmeyer was awarded the Prix Meret Oppenheim.

Hermann Burger, *Der Lachartist,* aus dem Nachlass herausgegeben von Magnus Wieland und Simon Zumsteg, Deutsch, 41 Seiten, 1 Abbildung, französische Broschur, Fadenheftung, Zürich: Edition Voldemeer, Wien / New York: Springer, 2009, ISBN 978-3-211-95983-1, CHF 23 / EUR 14 — »Es ist dies das Besondere an dieser nachgelasssenen Erzählung, dass sie wie in einem Brennspiegel das gesamte burgersche Metaphern-Vokabular noch einmal bündelt und vom Mutter-Trauma über die magische Berufung bis hin zum Wüstenfluch der Depression alle Motive aufgreift, die für sein Werk tonangebend waren« (Klara Obermüller, *Tages-Anzeiger*). — »Das bisher unbekannte Prosastück *Der Lachartist* besticht mit abenteuerlicher Bildgewalt. Es führt mitten hinein in Burgers Mythologie, ist eine Engführung von Mutterhass, Kindheitsqual und brillanter Artistik. Auch hier treibt er es bunt. Er lässt die Sätze zu Monstern anschwellen, unterbricht sie, versetzt ihnen Schläge ins Genick und bringt sie doch immer grandios zu Ende« (Beatrice von Matt, *Neue Zürcher Zeitung*).

Huang Qi 黃琪 (ed.), *Chinese Characters then and now* 漢字古今談, essays by Qi Gong 啟功, and by Hou Gang 侯剛, Zhao Ping'an 趙平安, Chen Guying 陳鼓應, Zhao Jiping 趙季平, Yau Shing-Tung 丘成桐, translated by Jerry Norman, Helen Wang, and Wang Tao, English / Chinese, 352 pages, 122 illustrations, 23 × 33 cm, hardcover, Zürich: Edition Voldemeer, Wien / New York: Springer, 2004 (= Ginkgo Series Volume I), ISBN 3-211-22795-4, CHF 148 / EUR 89 — »[...] eine der schönsten sprachwissenschaftlichen Publikatio-

nen der letzten Jahre [...] ein ausserordentlich umsichti-
ges Grundlagenwerk« (Ludger Lütkehaus, *Neue Zürcher
Zeitung*).

Roman Kurzmeyer, *Viereck und Kosmos – Künstler, Lebens-
reformer, Okkultisten, Spiritisten in Amden 1901–1912: Max
Nopper, Josua Klein, Fidus, Otto Meyer-Amden,* Deutsch,
264 Seiten, 80 Abbildungen, gebunden, Fadenheftung, Zürich: Edition Voldemeer, Wien / New York: Springer, 1999,
ISBN 3-211-83371-4, CHF 46 / EUR 29 — »Kurzmeyer hat
die Faktengeschichte [...] minuziös recherchiert und [...]
Kontexte (Lebensreform, ›Tempelkunst‹) des Projekts von
Nopper und Klein in dem ästethisch sehr ansprechend ge-
stalteten Band dargestellt« (HZ, *Neue Zürcher Zeitung).*

Eva Meyer / Vivian Liska (eds.), *What does the Veil know?,*
Jan van Eyck Academie, Maastricht / Institute of Jewish
Studies, University of Antwerp, English, 193 pages, 22 ×
28 cm, 84 illustrations, softcover, Zürich: Edition Voldemeer, Wien / New York: Springer, 2009, ISBN 978-3-211-
99289-0, CHF 64 / EUR 42 — *Contributors:* Heike Behrend,
Stéphanie Benzaquen, Ayşe Erkmen, Rike Felka, Silvia
Henke, Benda Hofmeyr, Rembert Hüser, Ils Huygens, Carol
Jacobs, Elfriede Jelinek, Vivian Liska, Eva Meyer, Wil-
lem Oorebeek, Johannes Porsch, Laurence A. Rickels, Avi-
tal Ronell, Hinrich Sachs, Eran Schaerf, Gisela Völger. —
»[...] wer das Buch aufschlägt, entdeckt ein Kunstprojekt.
Dass die Herausgeberinnen und die Zürcher Edition Voldemeer sich bei einem hochpolitischen Thema wie diesem
dafür entschieden haben, überrascht – und macht glück-

lich. Denn hier wird ein Denkraum sondergleichen aufge-
macht [...]« (Anne Haeming, *taz*) — "What we are deal-
ing with here is the radical import of strangeness into our
language."

Harald Szeemann, *with by through because towards de-
spite: Catalogue of all exhibitions 1957–2005,* edited by To-
bia Bezzola and Roman Kurzmeyer, English, 768 pages,
22 × 28 cm, 962 illustrations, hardcover, with a Chinese
supplement, Zürich: Edition Voldemeer, Wien / New York:
Springer, 2007, ISBN 978-3211-86632-3, CHF 133 / EUR 86 —
"This book documents an outstanding working biography,
functioning as a catalogue raisonné of Szeemann's cura-
torial projects. The list of exhibitions, writings, and other
projects is astonishing. This record of Szeemann's pro-
fessional work reveals a personality whose idiosyncratic,
wide ranging interests, energy, and passion changed the
understanding and experience of contemporary art" (Josef
Helfenstein, The Menil Collection). — "He [Szeemann] ush-
ered in changes in how art is shown that were as radical,
imaginative, and challenging as well as engaging to the
viewer as the work he responded to and made known to the
general public. [...] He was, as T. S. Eliot said of Ezra Pound,
'il migliore fabbro'" (Robert Storr, Yale School of Art). —
«[...] l'un des plus grands, pour ne pas dire le plus grand
commissaire d'expositions de la seconde moitié du XXᵉ siè-
cle [...] Dans l'héritage de son auteur, ce livre a donc le mé-
rite de rassembler toutes ses ‹*mythologies individuelles*›
sans chercher à les interpréter.» (Valérie Da Costa, *mouve-
ment*). — "[...] a collage writ a little too large, with all the

rough edges still showing. The volume contains a chrono-
logical dossier of specs and photographs of each and every
one of his shows, along with retrospective commentary elic-
ited from Szeemann" (Peter Plagens, *Art in America*).

Otto Karl Werckmeister, *Das surrealistische Kriegsbild bei
Max von Moos,* Deutsch, 46 Seiten, 32 Abbildungen, gebun-
den, Fadenheftung, Zürich: Edition Voldemeer, Wien / New
York: Springer, 2005 (= Schriftenreihe der Max von Moos-
Stiftung, Band 1), ISBN 3-211-25962-7, CHF 22 / EUR 13.